中国好课程经典文库

科学与生活 教程

杜慧蓉 ○ 主编

吉林 人民出版社

图书在版编目（CIP）数据

科学与生活教程 / 杜慧蓉主编. — 长春：吉林人民出版社，2018.11

ISBN 978-7-206-15715-8

Ⅰ.①科… Ⅱ.①杜… Ⅲ.①中学化学课—初中—教学参考资料 Ⅳ.①G634.83

中国版本图书馆CIP数据核字（2018）第258652号

科学与生活教程

主　　编：杜慧蓉　　　　　　封面设计：姜　龙

责任编辑：田子佳

吉林人民出版社出版发行（长春市人民大街7548号　　邮政编码：130022）

印　　刷：优彩嘉艺（北京）数字科技有限公司

开　　本：787mm×1092mm　　1/16

印　　张：8　　　　　　　　字　　数：149千字

标准书号：ISBN 978-7-206-15715-8

版　　次：2019年4月第1版　　印　　次：2019年4月第1次印刷

定　　价：45.00元

如发现印装质量问题，影响阅读，请与出版社联系调换。

目录 CONTENTS

第一章　空气

第一节　我们周围的空气 …………………………………… 1

第二节　空气的成分 ………………………………………… 6

第三节　空气中的氧气和二氧化碳 ……………………… 9

第二章　水

第一节　水资源 ……………………………………………… 13

第二节　走进自来水厂 …………………………………… 18

第三节　蒸馏水 ……………………………………………… 22

第三章　溶液

第一节　什么是溶液 ………………………………………… 25

第二节　溶液也会"饱"吗 ………………………………… 28

第三节　你怎样让冰糖溶解得更快 ……………………… 30

第四章　碳家族

第一节　金刚石和石墨 ………………………………………… 33

第二节　无定形碳 ……………………………………………… 37

第三节　我们身边的二氧化碳 ………………………………… 42

第四节　"杀人于无形"的一氧化碳 ………………………… 46

第五章　燃烧

第一节　燃烧和灭火 …………………………………………… 52

第二节　DIY灭火器 …………………………………………… 56

第三节　生命教育——火灾自救 ……………………………… 61

第六章　金属

第一节　金属与合金 …………………………………………… 65

第二节　铁的锈蚀与防护 ……………………………………… 69

第七章　酸碱盐

第一节　厨房中的食醋 ………………………………………… 73

第二节　厨房中的盐——食盐 ………………………………… 78

第三节　厨房中的碱——苏打、小苏打 ……………………… 83

第四节　酸碱指示剂 ·························· 87

第五节　物质的酸碱度 ·························· 92

第六节　认识化肥 ····························· 96

第八章　化学元素与健康

第一节　化学元素与人体健康 ······················ 101

第二节　人类重要的营养素——蛋白质 ················· 106

第三节　人类重要的营养素——糖类、油脂、维生素等 ········· 110

第四节　新生活新材料 ························· 117

第一章 空 气

第一节 我们周围的空气

你将有以下收获

→ 1. 知道空气的成分、常见的作用以及面临的污染问题。

2. 通过简单的实验，学会捕捉空气。

同学们，请大家一起来做个测试。首先大家一起来做一个深呼吸，屏气，你能坚持多久？

看，我们都离不开空气。

一、科学图书馆

1. 什么是空气

空气是指地球大气层中的混合气体，也是我们每天都呼吸着的"生命气体"，它分层覆盖在地球表面，透明且无色无味，它主要由氮气和氧气组成，还有其他气体。它们裹在地球的外面，厚度达到数千千米，我们又称这为大气层。大气层分为对流层、平流层（同温层）、中间层、电离层（暖层）和散逸层。空气的成分不是固定的，它会随着高度、气压等条件的改变而改变。如在平流层中，空气要稀薄得多，却存在着大量的臭氧气体；又如在珠穆朗玛峰上的空气比在平原的空气要稀薄，气温常年在–30～–40℃，氧气含量不到平原地区的1/4；我们生活在最下面的大气层——对流层里，这里富含氧气，氧气是我们赖以生存的条件。

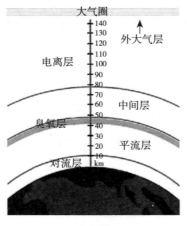

大气层

2. 空气的作用

电离层具有反射无线电波的能力，对无线电通信有重要作用，我们的电话、卫星信号发射与接收等都离不开电离层，电离层同时可以阻止来自太空的高能粒子过多地进入地球，阻止陨石撞击地球，因为陨石与大气摩擦时既可以减速又可以燃烧。

平流层（同温层）含有臭氧，具有吸收紫外线的功能，能保护地球上所有生物和使地表免于受阳光中强烈的紫外线致命的侵袭，同时，臭氧可以吸收太阳的辐射，使此层的气温增加。

对流层富含氧气，所有动物都需要呼吸氧气；此外，植物利用空气中的二氧化碳进行光合作用，二氧化碳是近乎所有植物的唯一的碳的来源。我们生活中声音的传播，风、云、雨、雪等自然现象的形成都离不开大气；下图为空气的流动形成风的过程。

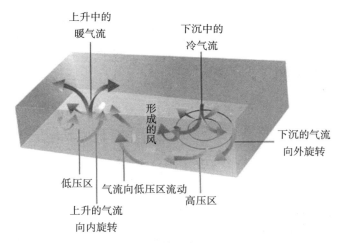

风的形成

3. 保护空气

假如没有空气，我们的地球上将是一片荒芜的沙漠，没有一丝生机。但随着工业的发展，越来越多有害物质向空气中排放，污染了空气。

排放到空气里的有害物质，可以分为以下几类：粉尘类（如炭粒等）、金属尘类（如铁、铝等）、湿雾类（如油雾、酸雾等）、有害气体类（如一氧化碳、硫化氢、氮的氧化物等）。从世界范围来看，排放量较多、危害较大的有害气体是二氧化硫和一氧化碳。二氧化硫是煤、石油在燃烧中产生的；一氧化碳主要是汽车开动时排出的。

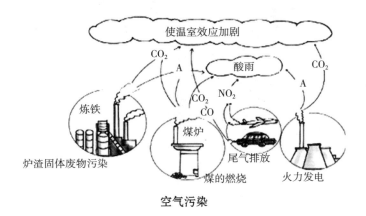

空气污染

当空气里的有害物质达到一定浓度后，就会严重地损害人类的健康和农作物的生长，破坏空气中的某些物质，还会使能见度降低，影响交通安全，等等。如二氧化硫含量较多时会形成酸雨，酸雨可以导致土壤酸化、农作物不能生长、破坏建筑材料、损坏建筑物，等等。因此，必须大力防止空气的污染。

二、科学实验室

提示

可以通过力度的大小，形状改变来描述哦！

1. 证明空气存在的实验

【实验一】

实验用品：水槽、集气瓶。

实验步骤		实验现象	实验结论
1. 在水槽中加入部分水 2. 将集气瓶倒扣在水中，向下压集气瓶			

【实验二】

实验用品：塑料袋。

实验步骤		实验现象	实验结论
1. 扬起一个塑料袋 2. 用手紧扎塑料袋口			

2. 捕捉空气

【实验三】

实验用品：集气瓶、玻璃片。

实验步骤：实验方法有以下两个。

方法一

准备一"空"集气瓶，盖上玻璃片。

方法二

（1）将一集气瓶装满水，用玻璃片先盖住瓶口一小部分，然后推动玻璃片将瓶口全部盖住。

（2）把装满水的集气瓶连同玻璃片一起倒立在水槽里。

（3）将饮料管小心地插入集气瓶内，用打气筒向集气瓶内缓缓打气，直到集气瓶内充满气体。

（4）在水下立即用玻璃片将集气瓶的瓶口盖好，然后取出集气瓶放在桌上。

三、课外拓展

空气的介绍

空气动力实验

拉瓦锡测定空气成分

（珠海市湾仔中学　何桂华）

第二节　空气的成分

你将有以下收获

1. 知道空气成分的发现历史。

2. 知道如何探究空气成分。

3. 了解空气成分。

一、科学图书馆

古希腊时期，亚里士多德最早提出了世界是由水、土、火、空气和以太元素组成的，他认为空气是一种单一的元素，随着科学的发展，后来证明这个学说是错误的，到了近代，英国化学家普利斯特里首先研究了空气的组成。普利斯特里将燃烧的蜡烛放入一个密闭的容器里，蜡烛一定时间后会熄灭，他把这种支持蜡烛燃烧的气体叫作"脱燃素的空气"。随后他进行了许多实验来研究空气成分，其中就包括著名的"钟罩实验"，但是普利斯特里作为一名燃素说的信徒始终离发现空气组成只有一步之遥。同时代的瑞典化学家舍勒对空气进行了深入的研究，他加热硝石得到一种气体，这种气体遇到烟灰的粉末就会燃烧，放出耀眼的光芒。舍勒把这些实验结果，整理成一本书，书名叫《火与空气》，化学史上都认为舍勒和普利斯特里各自独立地发现了氧气。普里斯特里向法国著名化学家拉瓦锡介绍了自己的实验，拉瓦锡随后重复了"钟罩实验"。他将空气中能支持燃烧，性质活泼的在空气中占1/5的气体命名为"氧气"，而误认为其他无法支持燃烧的气体为另一种气体，即"氮气"。后来近代科学的发展，证实空气是由多种气体组成的。

二、科学实验室

空气成分的探究实验：空气是由多种物质混合而成的，那么我们怎么验证它的成分呢？

【实验一】

实验用品：集气瓶、打火机、纸、玻璃片。

实验步骤：取一个大的集气瓶，收集好一瓶空气，并取出两片纸待用。点燃一张纸片放进集气瓶，并用玻璃片盖好，观察现象。继续点燃另一张纸片放进集气瓶，并盖上玻璃片，观察现象。

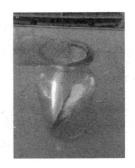

空气成分的探究

现象	
结论	

通过这个实验我们知道空气中有一种气体能支持燃烧，这种气体是氧气，那么剩余的不能支持燃烧的气体都有什么呢？

【实验二】

实验用品：烧杯、澄清石灰水、打气筒、导气管。

实验步骤：在烧杯中加入一定量的澄清石灰水，用打气筒不停地向其中打气，观察现象。

现象	
结论	

【实验三】

实验用品：矿泉水、冰箱、水、饼干。

实验步骤：从冰箱中拿出一瓶里面冻成冰的矿泉水，放到冰箱外，观察瓶子周围的现象；同时对比刚拆开的饼干和在空气中放几个小时的饼干，观察现象。

现象	
结论	

通过以上几个实验我们知道空气中有氧气、二氧化碳和水，近代化学家卡文迪许、拉姆塞、道恩等人陆续发现了空气的其他成分，通过精确地测定，空气成分按体积分数计算是：氮气约占78%、氧气约占21%、稀有气体约占0.94%（氦、氖、氩、氪、氙、氡）、二氧化碳约占0.03%，还有其他气体和杂质约占0.03%。

三、课外拓展

请结合课外资料查找空气成分的发现历史以及空气中各种气体成分的用途。

注：二氧化碳使澄清的石灰水变浑浊。

空气——人类的保护神

（珠海市南屏中学　吴军华）

第三节　空气中的氧气和二氧化碳

你将有以下收获

1. 通过实验知道氧气和二氧化碳基本的性质。

2. 了解氧气和二氧化碳在生活中的作用。

一、科学图书馆

氧气和二氧化碳是空气中常见的两种气体，它们是如何在自然界产生和消失的呢？它们在我们的生活中起什么作用呢？

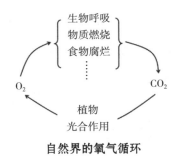

自然界的氧气循环

1. 氧气

氧气在早期叫作"养气"，因为人的生存离不开氧气，后来为了统一就用"氧"代替了"养"字，便叫作"氧气"。自然界中氧气的来源主要是植物的光合作用。

氧气具有非常广泛的用途，主要用途是供给呼吸、支持燃烧两个方面的作用。

（1）供给呼吸：一般情况下，呼吸只需要空气即可。但在缺氧、低氧或无氧环境，例如：潜水作业、登山运动、高空飞行、宇宙航行、医疗抢救等，常需使用氧气。

（2）支持燃烧：一般情况下，燃烧只需空气即可。但在有某些需要高温、快速燃烧等特殊要求时，例如：鼓风炼铁、转炉炼钢等，则需使用富氧空气或氧气。

氧气是否越多越好呢？当然不是，生活中常见的食物腐烂、铁生锈，甚至火灾等现象都与氧气有关，所以必要的时候还需要隔绝氧气呢！

2. 二氧化碳

生活中产生二氧化碳的途径很多，其中最主要的途径是动植物的呼吸作用和燃料的燃烧。空气中二氧化碳的正常含量为0.03%，但是自工业革命以来，由于人类活动，特别是开采、燃烧煤炭等化石能源，大气中的二氧化碳气体含量急剧增加，温室效应也随之增强，其引发的一系列问题已引起了世界各国的关注，例如：全球气候变暖、冰川融化、海平面上升，等等。低碳经济、低碳生活已经成为全人类保护地球的共同主题。

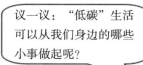

议一议："低碳"生活可以从我们身边的哪些小事做起呢？

二氧化碳在生活中的用途也很广泛，它是植物光合作用的主要原料，因此常用来做气体肥料。除此之外，它还可以用来灭火、做化工原料、制碳酸饮料、制干冰，等等。

同学们，你们想知道氧气和二氧化碳的性质吗？

二、科学实验室

探究二氧化碳和氧气的性质。

【实验一】

实验用品：氧气（1瓶）、二氧化碳（1瓶）、打火机、小木条。

实验操作1	实验现象		结论
燃着的小木条 1. 将小木条点燃 2. 将燃着的小木条分别伸入装有氧气和二氧化碳气体的瓶子中	氧气		
	二氧化碳		

【实验二】

实验用品：氧气（1瓶）、二氧化碳（1瓶）、打火机、小木条。

实验操作2	实验现象		结论
带火星的木条 1. 将小木条点燃，一段时间后，吹灭木条 2. 将带火星的小木条分别伸入装有氧气和二氧化碳气体的瓶子中	氧气		
	二氧化碳		

【实验三】

实验用品：氧气（1瓶）、二氧化碳（1瓶）、澄清石灰水、烧杯2个、毛玻璃片2片。

实验操作3	实验现象		结论
澄清石灰水 1. 用烧杯取少量澄清石灰水 2. 将澄清石灰水分别倒装有入氧气和二氧化碳气体的瓶子中，迅速盖上毛玻璃片，振荡	氧气		
	二氧化碳		

想一想：

桌上有三瓶无色气体，分别是空气、氧气和二氧化碳气体，如何将它们鉴别出来呢？

可以选用的实验用品：澄清石灰水、烧杯、打火机、小木条。

实验方案	实验现象	结论

比一比：

谁的实验方案最好。

三、课外拓展

全球变暖和温室效应

二氧化碳灭火

（珠海市湾仔中学　张俊）

第二章 水

第一节 水资源

一、科学图书馆

水是地球上最普通、最常见的物质之一，不仅江河湖海中含有水，各种生物体内也都含有水。生命的孕育和维系都需要水，人类的日常生活和工农业生产离不开水，水力发电利用的是水，此外，水还能为人类提供水运和宜人的环境。

1. 全球水资源概况

地球表面71%的面积都被海洋覆盖，其中，淡水占总水量的2.53%。淡水中，冰川占68.7%，分布在两极地区的冻土层里，难以利用。剩下的可利用淡水资源，还不到全球总水量的1%。淡水资源大多分布在马来群岛、南美洲北部以及非洲中部等地区，中东、非洲南部等地区淡水资源极度的缺乏。

全球水资源分布图

淡水资源严重缺乏地区（年降水量小于年蒸发量400毫米以上）
淡水资源缺乏地区（年降水量小于年蒸发量0-400毫米）
淡水资源基本满足地区（年降水量大于年蒸发量0-400毫米）
淡水资源丰富地区（年降水量大于年蒸发量400毫米）

全球水资源概况

2. 中国水资源概况

中国的淡水资源大多分布在南方地区，特别是东南沿海是我国淡水资源最丰富的地区。但是我国的西北部，淡水资源还是严重缺乏。我国水资源占世界6%，但是平均下来，每个人只有2140立方米，只有世界人均的1/4。

3. 广东省水资源概况

广东的水资源现状就像一个缩小的中国一般：水资源大多分布在沿海地区，特别集中在珠江三角洲地区。而粤西地区淡水资源却是严重缺乏。

4. 水资源利用存在的问题以及解决方案

【问题一】水体污染

我们一般所称的水污染，主要是指由于人为因素直接或间接地让污染物质进入水体，造成水体物理、化学或生物特性的改变，以致影响水体正常用途或危害民众健康及生活环境的现象。水污染来源包括天然的污染源及人为的污染源。天然污染源一般指暴雨径流冲刷屋顶、街道、坡地、沟渠等所带下的污泥或有机物质；人为的污染则来自人们各种活动及开发所产生的污染物。

我国的水污染问题已经处于一个相当严重的局面。根据水利部1997年的统计，全国河流中，污染河长已占总河长65405km的42.7%。与1984年相比，十几年来受污染河流的长度翻了一番。10多年过去了，2008年中国环境质量公报公布的数据显示，全国地表水污染依然严重。七大水系水质总体为中度污染，浙闽区河流水质为轻度污染，湖泊（水库）富营养化问题突出。海河、辽河、淮河、巢湖、滇池、太湖污染严重，七大水系中，不适合做饮用水源的河段已接近40%，其中淮河流域和滇池最为严重。工业较发达城镇河段污染突出，城市河段中78%的河段不适合做饮用水源；城市地下水50%受到污染，水污染加剧了我国水资源短缺的矛盾，给工农业生产和人们生活造成危害。（数据来源于百度）

解决方案：首先防在源头上，在工业上应用新技术、新工艺减少污染物的产生；农业上提倡使用农家肥，合理使用化肥农药，减少农药所带来的污染；生活上推广使用无磷洗涤剂（含磷污水被排放到河流、湖泊中，造成水体中生物富营养化，水生植物过度繁殖，氧气含量下降，鱼虾死亡，饮水源恶化）。治在已造成的后果上，将污水集中处理后再排放，如果不将污水进行处理就直接排放到河流中，我们无法想象河流会呈现怎么样的局面！

【问题二】水资源浪费

水资源的浪费现象在我们身边每时每刻都在发生，请同学们从自我做起节约用水。

解决方案：请观看公益广告《水说》，这是水利部新闻宣传中心制作的节约用水和防治水污染主题宣传片，旨在唤起社会公众的水危机、水忧患意识，增强大众的节水、护水理念，为新时期的节水、治水、兴水事业凝聚广泛的正能量。

《水说》

5. 节水标志

"国家节水标志"由水滴、人手和地球演变而成。绿色的圆形代表地球，象征节约用水是保护地球生态的重要措施。标志留白部分像一只手托起一滴水。手是拼音字母JS的变形，寓意节水，表示节水需要公众参与，鼓励人们从自己做起，人人动手节约每一滴水；手又像一条蜿蜒的河流，象征滴水汇成江河。手接着水珠，寓意接水，与节水音似。

国家节水标志

二、科学实验室

探究1mL水的滴数。

【实验一】

实验用品：量筒、胶头滴管。

操作步骤	实验结论
用量筒量取1mL水（量液时，量筒必须放平，视线要与凹液面最低处保持水平） 1mL	
用胶头滴管吸取水，然后轻压胶帽数水滴数	

【实验二】

实验用品：量筒、胶头滴管。

操作步骤	实验结论
用胶头滴管吸取水，然后向量筒内滴水，直到视线与1mL刻度以及液面凹液面最低处保持水平，数出水滴数 	

三、课外拓展

（1）计算：如果一只用坏的水龙头每秒钟漏一滴水，试计算这只坏的水龙头一昼夜漏水的体积。你从中得到什么启示？

（2）社会调查：珠海市民用水情况。

调查问卷

（3）在家里找到当月的水费单，看它有哪些组成部分？了解水费计算方法。

（4）做"节水"宣传员：设计一句节水标语张贴在公共场所。

（珠海市第七中学　江文静）

第二节　走进自来水厂

你将有以下收获

1. 知道自来水的净化流程。

2. 学会用明矾净水、过滤净水的方法。

一、科学图书馆

现在人们谈到饮用自来水，一般会害怕自来水生产过程中未能除尽水中的杂质及微生物，又害怕净水过程中混入了一些有毒气体。基于此，我们一起来了解自来水的生产过程。

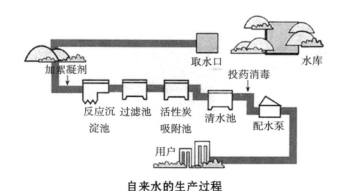

自来水的生产过程

1. 取水

首先，必须把水源从江河湖泊中抽取到水厂（不同的地区取水口是不同的，水源直接影响着一个地区的饮水质量）。

2. 处理

然后，水经过沉淀、过滤、消毒、入库（清水库），再由送水泵高压输入自来水管道（现在国家规定要用PP管，而不是以前常用的铁管，因为时间一长铁管就会生锈，会造成严重的二次污染），具体流程如下图所示。

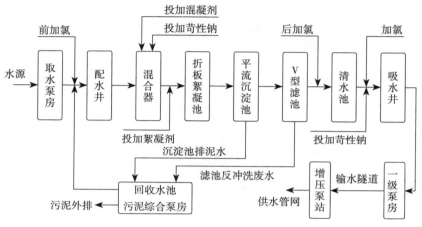

自来水厂工艺流程图

3. 供水

加压供水过程包括"清水池→二级泵房→供水管网"。经消毒后的自来水贮存在清水池中，通过水厂二级泵房的水泵加压之后，洁净的自来水沿着供水管道，流入千家万户。

注意：整个过程要经过多次水质化验，有的地方还要经过二次加压、二次消毒才能进入用户家庭。

二、科学实验室

1. 探究絮凝剂净水

【实验一】

实验用品：絮凝剂明矾、研钵、烧杯、玻璃棒、浑浊的河水。

操作步骤	实验现象	实验结论
1. 取出大约20g的明矾晶体，放入研钵中仔细研磨，直到研细		
2. 向装有浑浊液体的烧杯中加入刚研磨的明矾粉末，搅拌后静置		

2. 探究实验室如何过滤

【实验二】

实验用品：滤纸、烧杯、铁架台、漏斗、玻璃棒、浑浊的河水。

操作步骤	实操过程图
1. 取一张圆形滤纸，如右图所示折叠好放入漏斗，使之紧贴漏斗壁，并使滤纸边缘略低于漏斗口，用少量水润湿滤纸并使滤纸与漏斗壁之间不要有气泡	Ⅰ Ⅱ Ⅲ Ⅳ
2. 如右图，架好漏斗，使漏斗下端管口进口紧贴烧杯内壁，以使滤液沿烧杯壁流下	

比较未经处理的天然水和做了不同程度处理的水，它们的清澈程度有什么差别。

三、课外拓展

（1）了解中华人民共和国自来水水质国家标准。

扫一扫你就知道

（2）参观自来水厂。

（珠海市第七中学　江文静）

第三节　蒸馏水

一、科学图书馆

1. 什么叫蒸馏水

在生活中，我们用水壶煮开水，等水壶冷却后再打开盖子，你会看到盖子上面会有很多小液滴。这些小液滴就是我们所说的蒸馏水。它是纯水，不含有杂质和细菌，人们可以直接喝。它是怎么形成的呢？原来煮水时，水沸腾时会变成水蒸气，遇到冷的盖子就会再变成小液滴。通过煮沸，让水变成水蒸气，再让水蒸气变回小液滴的过程就叫蒸馏。自然界中的水都不纯净，含有矿物质、微生物、溶解的气体等，用蒸馏方法可以除去其中的不挥发组成。多次蒸馏可以得到纯度更高的水，成本也很高。超市中卖的饮用水如"××蒸馏水"纯度不会太高。

2. 蒸馏水有什么用处

蒸馏水不含杂质可以直接饮用，但由于蒸馏水不含矿物质，所以长期饮用会不利于身体健康。另外，在科学研究的过程中需要用到非常精准浓度的溶液，这就需要用来配制溶液的水不能含有杂质。很多精密研究都需要用到蒸馏水来配制溶液。在学习九年级化学和高中化学就会用到，你如果有机会进入大学，学习与生物和化学相关的专业，用蒸馏水配制溶液会更为常见。

3. 如何得到更多的蒸馏水

如果靠收集热水壶盖上形成的蒸馏水显然量特别少，如何得到更多的蒸馏水呢？实验室取得蒸馏水是使用蒸馏装置加热自来水致沸腾，并使其蒸气经过冷凝管冷凝成蒸馏水，最后收集即可获得更多的蒸馏水。

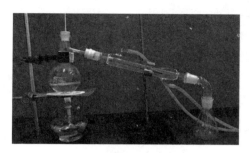

实验室蒸馏装置

二、科学实验室

用简易蒸馏装置制取少量蒸馏水。

【教师演示实验】

实验用品：酒精灯、蒸馏烧瓶、铁架台（带铁夹和铁圈）、石棉网、橡胶管、单孔塞、导管、试管、烧杯、沸石（或碎瓦片）、火柴（或打火机）。

简易蒸馏装置

操作解释：在蒸馏烧瓶中添加沸石（或碎瓦片）可以防止暴沸；此装置不用冷凝管，而是利用空气冷凝，可以简化装置；将收集蒸馏水的试管放在冷水中可以使水蒸气的冷却更加充分。

蒸馏烧瓶里放沸石

利用空气冷凝

试管放在冷水中

三、课外拓展

（1）视频科普：

蒸馏

（2）做爱护水资源的手抄报。

（珠海市第五中学　魏明红）

第三章 溶液

第一节　什么是溶液

你将有以下收获

→ 1. 知道溶液的定义。

2. 能判断一种物质是否属于溶液。

3. 能运用观察、实验的研究方法，学会观察、分析、归纳、概括。

4. 感受学习化学的意义，体会溶液对人类生活和社会发展的积极作用。

一、科学图书馆

　　一种或几种物质分散到另一种物质里，形成均一的稳定的混合物，叫作溶液。一种物质同时具有均一性、稳定性并且是混合物，即可以判断其属于溶液，溶液通常为液体，但像空气（气体）、合金（固体）具有溶液的性质，所以也是属于溶液。

　　在溶液里进行的化学反应通常是比较快的。所以，在实验室里或化工生产中，要使两种能起反应的固体起反应，常常先把它们溶解，然后把两种溶液混合，并加以振荡或搅动，以加快反应的进行。

　　溶液对动植物的生理活动也有很大意义。动物摄取食物里的养分，必须经过消化，变成溶液，才能吸收。在动物体内氧气和二氧化碳也是溶解在血液中进行循环的。在医疗上用的葡萄糖溶液和生理盐水、医治细菌感染引起的各种炎症的注射液（如庆大霉素、卡那霉素）、各种眼药水等，都是按一定的要求配成溶液使用的。植物从土壤里获得各种养料，也要成为溶液，才能由根部吸收。土壤里含有水分，里面溶解了多种物质，形成土壤溶液，土壤溶液里就含有植物需要的养料。许多肥料，像人粪尿、牛马粪、农作物秸秆、野草等，在施用以前都要经过腐熟的过程，目的之一是使复杂的难溶的有机物变成简单的易溶的物质，这些物质能溶解在土壤的溶液里，供农作物吸收。

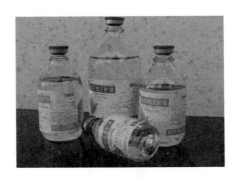

生活中常见的溶液和植物吸收

二、科学实验室

【实验一】

实验用品：试管（两支）、硫酸铜（粉末）、汽油。

在两支试管中各个加入少量的硫酸铜（粉末）和汽油，然后分别加入5mL水，振荡，观察现象。静置一段时间，观察溶质和溶剂是否分离。

溶质	溶剂	振荡后现象	静置后现象
硫酸铜（粉末）	水	（是否）溶解	（是否）分离
汽油	水	（是否）溶解	（是否）分离

讨论：由以上的现象，你认为溶于水能形成溶液的物质是_____。

【实验二】

实验用品：试管、汽油、酒精。

再另取一支试管，加入少量汽油，然后加入5mL酒精，振荡，观察现象。静置一段时间，观察溶质和溶剂是否分离。

溶质	溶剂	振荡后现象	静置后现象
汽油	酒精	（是否）溶解	（是否）分离

讨论：你认为此时形成的液体是否属于溶液？为什么？

三、课外拓展

（1）利用互联网查阅并整理资料：什么是溶液和浊液。

（2）课外活动：找出身边的各种常见的液体，并判断其是否属于溶液。

编号	液体	是否属于溶液
1		
2		
3		
4		

（3）视频科普：

童年的棒棒糖

（珠海市第十三中学　陈培亮）

第二节　溶液也会"饱"吗

你将有以下收获

1. 知道并能判断饱和溶液和不饱和溶液。

2. 知道一种物质的饱和溶液还能继续溶解其他物质。

3. 初步学习运用观察、实验的研究方法，在探究过程中学会观察、分析、归纳、概括。

4. 通过实验条件的改变，感受饱和溶液与不饱和溶液的存在和转化是有条件的，逐步建立辩证的、发展的思想。

一、科学图书馆

在一定温度下，向一定量的溶剂里加入某种溶质，但溶质不再溶解时，所得到的溶液叫作这种溶质的饱和溶液；还能继续溶解的物质叫作这种溶质的不饱和溶液。

海水晒盐是不饱和溶液转变为饱和溶液的过程。海水中含有食盐（氯化钠），是食盐的不饱和溶液。经过风吹日晒，海水的水分蒸发到一定程度时，海水中就会有食盐晶体析出。这说明此时的海水不能继续溶解食盐，为食盐的饱和溶液。

二、科学实验室

【实验一】

实验用品：烧杯、氯化钠、搅拌棒。

在室温下，向盛有20mL水的烧杯中加入3g氯化钠，搅拌，观察现象。再加入5g氯化钠，搅拌，观察现象。

操作	现象	是否为饱和溶液
加入3g氯化钠，搅拌		
再加入5g氯化钠，搅拌		

【实验二】

实验用品：试管、氯化钠、蔗糖。

在室温下，各取上述形成的氯化钠饱和溶液5mL于试管中，各加入少量的氯化钠和蔗糖，振荡，观察现象。

操作	现象	结论
加入少量氯化钠，振荡		一定温度下，氯化钠的饱和溶液不能继续溶解，（能否）溶解其他可溶物质
加入少量蔗糖，振荡		

三、课外拓展

（1）利用互联网查阅并整理资料：固体溶解度、饱和溶液。

（2）家庭实验：在干净的玻璃杯中加入40mL开水，然后加入白糖，用筷子搅拌，直到白糖不再溶解为止。将糖水倒入另一个玻璃杯，再往其中加入约5mL开水。用硬纸片或保鲜袋盖住玻璃杯，放入保鲜柜，静置一昼夜后，观察溶液中是否有固体析出。

（3）视频科普：

公堂上的糖水砒霜

（珠海市第十三中学　陈培亮）

第三节　你怎样让冰糖溶解得更快

你将有以下收获

1. 能明白影响固体溶解速率的因素。

2. 学会通过对照实验得出结论。

3. 初步学习运用观察、实验的研究方法。

4. 关注生活，感受学习化学的意义，体会实验探究的喜悦以及成功。

一、科学图书馆

生产和生活中常见溶液的溶质大多是固体。固体溶解速率主要跟溶质和溶剂本身的性质有关，同时也受到温度、固体颗粒的大小等因素的影响。

二、科学实验室

生活中，我们有时想喝一杯冰糖水。怎样才能让冰糖溶解得更快呢？

讨论：仿照对种子萌发的外部条件的探究，你认为可以怎么设计实验来探究影响溶解速率的因素？

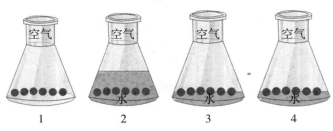

种子萌发实验过程

【实验一】

实验用品：烧杯、水、搅拌棒、粗盐。

取一个烧杯，加入3g粗盐，再加入20mL水，搅拌，记录固体完全溶解所需的时间。

【实验二】

实验用品：烧杯、水、搅拌棒、精盐。

取一个烧杯，加入3g精盐，再加入20mL水，搅拌，记录固体完全溶解所需的时间。

【实验三】

实验用品：烧杯、热火、搅拌棒、精盐。

取一个烧杯，加入3g精盐，再加入20mL 80℃热水，搅拌，记录固体完全溶解所需的时间。

【实验四】

实验用品：烧杯、水、精盐。

取一个烧杯，加入3g精盐，再加入20mL水，静置，记录固体完全溶解所需的时间。

实验序号	盐	水温	搅拌/静置	时间	结论
实验一		室温	搅拌		实验一和二对比，_____溶解得更快。
实验二	精盐	室温	搅拌		实验二和三对比，_____溶解得更快。
实验三	精盐		搅拌		实验二和四对比，_____溶解得更快。
实验四	精盐	室温			实验一和四对比，_____。

讨论：通过以上实验，你认为影响溶解速率的因素有哪些？如何使溶质快速溶解？

固体溶解速率主要跟溶质和溶剂本身的性质有关，同时也受到_____、_____等因素的影响。_____、_____、_____可以加速溶解。

二、课外拓展

（1）家庭实验：取一个玻璃杯，各加入20mL水，接着往玻璃杯中加入一块冰糖，记录冰糖完全溶解所需的时间。

① 冰糖要用市售完整的。

② 方法任选，记录所用方法的结果。

③ 所需用品从生活用品中选择。

（2）视频科普：

影响物质溶解快慢的因素

（珠海市南屏中学　许雪珠）

第一节　金刚石和石墨

你将有以下收获

1. 知道金刚石、石墨的颜色和形状。

2. 了解金刚石、石墨的用途。

3. 学会金刚石、石墨和铅笔芯的科学小实验。

一、科学图书馆

1. 金刚石

纯净的金刚石是一种无色透明的固体，经过仔细的雕琢就会成为璀璨夺目的装饰品——钻石。因钻石折射率高，在灯光下闪闪发光，成为女人最爱的宝石。世界上有20多个储藏有金刚石的国家，主要分布在澳大利亚、俄罗斯以及非洲西部和南部。

金刚石是目前在地球上发现的众多天然存在的物质中最坚硬的。坚硬是金刚石最重要的性质，利用这个性质，可用金刚石划玻璃、切割大理石或加工坚硬的金属、做地质钻头等。

玻璃刀

形成金刚石的自然界条件比较苛刻，现在人类已经可以模拟自然界金刚石形成的条件，人工合成金刚石。市面上有很多钻戒都是使用的人工金刚石雕琢成的钻石。

2. 石墨

石墨是产于变质岩中的一种质软的矿物，形状多样，有晶体状、薄片状、细磷片状等，不透明且有滑腻感。

石墨做的铅笔芯

石墨为深灰色、质软，混入黏土可做成铅笔芯，有滑腻感可做润滑剂，还有导电性，常用做干电池中的电极。

在生产生活中，我们常常用到木炭、活性炭等物质，它们的结构和石墨相似。活性炭、木炭具有疏松多孔的结构，因此它们具有吸附能力。可以吸附一些色素和气味。

二、科学实验室

1. 用玻璃刀整齐地切割玻璃

【教师演示实验】

实验用品：玻璃片、玻璃刀、尺子。

实验步骤：操作步骤如下图所示。

第一步　　　　　　　　第二步　　　　　　　　第三步

第四步　　　　　　　第五步

2. 石墨导电性实验

【学生分组实验一】

实验用品：干电池、石墨棒、小灯泡、电线。

实验步骤：按实验装置进行实验。

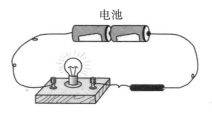

学生分组实验一装置

3. 铅笔临摹硬币图案

【学生分组实验二】

实验用品：一支2B铅笔、一块1元硬币、白纸。

实验步骤：将硬币放在白纸底下，用2B铅笔在硬币位置的白纸上涂黑。

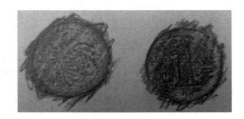

学生分组实验二过程

三、课外拓展

人造金刚石

（珠海市第五中学　莫柯开）

第二节　无定形碳

1. 了解几种常见的无定形碳。

2. 了解无定形碳的性质与用途。

3. 体验自制炭黑、活性炭吸附性实验。

4. 提高动手能力，培养合作精神，增强科学素养。

5. 增强有利用互联网获取信息的意识。

一、科学图书馆

1. 无定形碳

无定形碳又称为过渡态碳，是碳的同素异形体中的一大类。在碳素材料学历史上，曾与石墨、金刚石并立，被认为是碳元素三种存在状态之一。一般指木炭、焦炭、活性炭和炭黑等，它们的主要成分都是单质碳。

炭黑：黑色粉末，一般用于黑色颜料、制作墨汁、油墨及做橡胶的耐磨增强剂等。

焦炭：浅灰色、多孔坚硬固体，一般用于冶炼金属以及生产水煤气。

木炭：灰黑色、多孔性固体，一般用于燃料、火药的制作，以及食品工业的吸附剂。

活性炭：黑色、多孔性颗粒或粉末，一般用于防毒面具中过滤空气，水的净化处理剂以及制糖的工业脱色剂。

炭 黑　　　　　　　　　　焦 炭

木 炭　　　　　　　　　　活性炭

无定形碳种类

2. 木炭与活性炭的吸附性

木炭是木材或木质原料经过不完全燃烧，或者在隔绝空气的条件下热解所残留的深褐色或黑色多孔固体燃料。木炭主要分为白炭、黑炭、活性炭、机制炭等四大类，都具有吸附性。

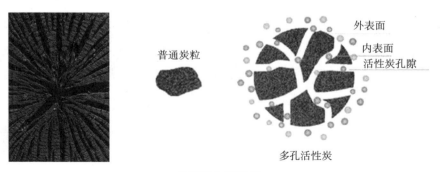

普通炭粒

外表面
内表面
活性炭孔隙

多孔活性炭

普通炭与活性炭

活性炭原料是所有富含碳的有机材料，如煤、木材、果壳、椰壳、核桃壳、杏壳、枣壳等。这些含碳材料在活化炉中，在高温和一定压力下通过热解作用被转换成活性炭。在此活化过程中，巨大的表面积和复杂的孔隙结构逐渐形成，而所谓的吸附过程正是在这些孔隙中和表面上进行的，活性炭中孔隙的大小对吸附质有选择吸附的作用，这是由于大分子不能进入比它孔隙小的活性炭孔径内的缘故。活性炭含有大量微孔，具有巨大无比的表面积，能有效地去除色素、臭味和某些有毒的重金属。

活性炭材料被广泛用于污水处理、大气污染防治等领域，在治理环境污染方面越来越显示出其诱人的美好前景。

3. 活性炭的应用史

在20世纪20年代的第一次世界大战中活性炭大量应用于防毒面具。当时荷兰的Norit和捷克斯洛伐克、德国、法国、瑞士等国的制造商和批发商曾成立一个联合公司，说明在欧洲活性炭也是被广为看好的新兴产业。

在20世纪40年代，数以百计的自来水厂中采用了活性炭除臭。1927年，美国芝加哥自来水厂发生了广大居民难以接受的自来水恶臭事故，这是由于原水中的苯酚和消毒用的氯生成异臭所致。德国等地的自来水厂也发生了同样的事故，这些事故都是用活性炭来解决的。

此后，随着环境保护日益受到重视，政府法令的日趋严格。活性炭不仅在净水方面，而且在净气等方面的用量剧增，使得在20世纪的后半叶，环保产业成为活性炭应用的大户。

防毒面具　　　　　　　　　　净水器

① 纤滤层
② 载银活性炭
③ 矿化球
④ 交换树脂
⑤ 矿化球
⑥ 陶瓷片

二、科学实验室

1. 制取炭黑

【实验一】

实验用品：蜡烛、白瓷板、打火机、纸巾。

实验步骤：点燃蜡烛，用坩埚钳夹持白色瓷盘在蜡烛外焰进行加热，可观察到有黑色物质生成，用纸巾擦拭后可看到有黑色粉末，即炭黑。

实验一过程

2. 活性炭吸附色素

【实验二】

实验用品：红墨水、蒸馏水、活性炭粉末、锥形瓶、药匙。

实验过程：向盛有水的锥形瓶滴入少量红墨水，再加入一匙活性炭，振荡，观察实验现象，与原加入红墨水的水的颜色进行对比，红色消失，说明活性炭可以吸附色素。

实验二过程

三、课外拓展

（1）利用互联网查阅并整理资料：如何选购用于室内净化的活性炭。

（2）视频科普：

厉害，墨汁还能变纯水

（3）"净水"调查员：做有关"活性炭净水"的家庭生活用水调查，调查活性炭在生活用水中的作用。

（珠海市第八中学　李永凤）

第三节　我们身边的二氧化碳

你将有以下收获

→ 1. 了解并验证有关二氧化碳的一些性质，如：密度比空气大、能溶于水、不可燃也不支持燃烧、能使石灰水变浑浊等。

2. 了解二氧化碳的一些用途。

3. 了解二氧化碳对环境的影响，知道什么是"温室效应"。

4. 提高动手能力，培养合作精神，增强科学素养。

5. 有利用互联网获取信息的意识。

6. 增强低碳环保意识，增加社会责任感。

一、科学图书馆

1. 二氧化碳的形体

二氧化碳常温下是一种无色无味、不可燃也不支持燃烧的气体，密度比空气大、能溶于水。

2. 空气中二氧化碳的含量

空气中有微量的二氧化碳，约占0.03%（体积分数）。

3. 二氧化碳的主要产生途径

（1）煤炭、石油、天然气等燃料在燃烧过程中，会释放出二氧化碳。

（2）所有人和动物在呼吸过程中，都要吸进氧气而吐出二氧化碳。

所有绿色植物都吸进二氧化碳，释放出氧气，进行光合作用。二氧化碳气体就是这样在自然界的生态平衡中，进行无声无息地循环。

4. 二氧化碳的应用领域

（1）二氧化碳可注入饮料中，增加压力，使饮料带有气泡，可增加饮用时的口感，像汽水、啤酒均为此类的例子。

（2）二氧化碳的重量比空气重，不支持燃烧，因此许多灭火器都利用其特性灭火。

（3）一定范围内，二氧化碳的浓度越高，植物的光合作用也越强，因此二氧化碳是最好的气体肥料。

5. 什么是"温室效应"？

大气中的二氧化碳就像温室的玻璃或塑料薄膜一样，既能让太阳光透过，又能使地面吸收的太阳光的热量不易向外散失，起到了对地球保温的作用。这就类似于栽培农作物的温室，故名温室效应。因此，二氧化碳也被称为温室气体。正是因为有了温室效应，全球平均地表温度才提高到目前适合人类生存的15℃。能产生温室效应的气体除二氧化碳外，还有臭氧、甲烷、氟利昂等。

但是近几十年来，一方面，随着工业生产的高速发展和人们生活水平的不断提高，人类所消耗的化石能源急剧增加，排入大气中的二氧化碳越来越多；另一方面，能够吸收二氧化碳的森林却因为天灾和人类的乱砍滥伐等各种因素而不断减少，结果大气中二氧化碳的含量不断上升，从而导致温室效应增强，全球气候变暖。近100年，全球气温升高0.6℃，照这样下去，预计到21世纪中叶，全球气温将升高1.5～4.5℃。由温室效应所引起的海平面升高，气候反常等，也会对人类的生存环境产生巨大的影响。

6. 什么是"低碳"？

低碳，意指较低（更低）的温室气体（二氧化碳为主）排放。低碳生活可以理解为：减少二氧化碳的排放，低能量、低消耗、低开支的生活方式，主要是从节电、节气和回收三个环节来改变生活细节。如今，这股风潮逐渐在我国一些大城市兴起，潜移默化地改变着人们的生活。低碳生活代表着更健康、更自然、更安全、返璞归真地去进行人与自然的活动。

二、科学实验室

1. 探究二氧化碳不可燃、不助燃，且密度比空气大

【教师演示实验一】

实验用品：烧杯、燃着的蜡烛、一瓶二氧化碳气体。

操作步骤	实验现象	实验结论
在烧杯中点燃一小根蜡烛，将一瓶二氧化碳气体慢慢倒入烧杯中。观察蜡烛变化情况		

2. 探究汽水中的气体是二氧化碳，它能使澄清石灰水变浑浊

【教师演示实验二】

实验用品：试管、单孔橡胶塞、导管、烧杯、汽水（雪碧）、澄清石灰水。

操作步骤	实验现象	实验结论
取少量汽水（雪碧）于试管中，用橡胶塞和导管连接至石灰水中，振荡试管。观察汽水中的现象和澄清石灰水的变化情况		

3. 探究二氧化碳能溶于水（塑料瓶瘦身）

【学生分组实验一】

实验用品：一个集满二氧化碳的软塑料瓶、烧杯、水。

操作步骤	实验现象	实验结论
向一个收集满二氧化碳的气体的塑料瓶中加入约1/3体积的水，立即旋紧瓶盖，振荡。观察塑料瓶的变化情况		

4. 探究人体呼出的气体中含有二氧化碳，它能使澄清的石灰水变浑浊（"吹水"变浑浊）

【学生分组实验二】

实验用品：烧杯、澄清石灰水、吸管。

操作步骤	实验现象	实验结论
向小烧杯中倒入少量的澄清石灰水，用吸管向石灰水中吹气  澄清石灰水		

三、课外拓展

（1）利用互联网查阅并整理资料：减少空气中二氧化碳含量的措施。

（2）社会调查：珠海市民"低碳生活"情况。

调查问卷

（3）"低碳"宣传员：做有关"低碳"的手抄报，并在学校和社区展览宣传。

（珠海市第七中学　郭芙蓉）

第四节 "杀人于无形"的一氧化碳

你将有以下收获

1. 了解一氧化碳的发现史。

2. 了解一氧化碳的中毒原理,提高使用燃气的安全意识。

3. 通过探究香烟成分试验,增强动手能力,培养合作精神,增强科学素养。

4. 了解香烟有害人体健康,远离香烟。

一、科学图书馆

1. 一氧化碳的发现

一氧化碳气体古代用来处决希腊人和罗马人,在11世纪一个西班牙医生第一次描述了这种气体。最早制备一氧化碳的是法国化学家de Lassone(1776年)。他通过加热氧化锌和碳制得了一氧化碳。但由于一氧化碳燃烧时产生了与氢气类似的蓝色火焰,de Lassone错误地认为他制得的是氢气。1800年,英国化学家William Cruikshank才证明一氧化碳是由碳元素和氧元素组成的化合物。

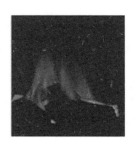

炭火中一氧
化碳的燃烧

煤炉里煤层上方的蓝色
火焰是一氧化碳在燃烧

最早对一氧化碳的毒性进行彻底研究的是法国的生理学家Claude Bernard。1846年，他让狗吸入一氧化碳气体，发现狗的血液"变得比任何动脉中的血都要鲜红"。后来人们知道血液变成"樱桃红色"是一氧化碳中毒的特有的临床症状。

正是因为这种特点，一些肉品商人用一氧化碳处理鲜肉，可以使生肉不被氧化变色，甚至可以在10℃的温度下保存28天还如同新屠宰的肉，此种方法引起非议。美国消费者协会认为即使这种处理没有害处，也会掩盖肉不新鲜的状态，即使肉品处于即将腐烂状态，消费者也不知情。

2. 一氧化碳中毒

一氧化碳（CO）是煤、石油等含碳物质不完全燃烧的产物，具有可燃性，能够在空气中或氧气中燃烧，发出蓝色的火焰，放出大量的热，生成二氧化碳，因此可以作为气体燃料，是煤气的主要成分之一，常见的煤气中毒即一氧化碳中毒。

在通常状况下，一氧化碳是无色、无臭、无味、难溶于水的气体，标准状况下气体密度为1.25g/L，和空气密度（标准状况下1.293g/L）相差很小，这也是容易发生煤气中毒的因素之一。

吸入一氧化碳对人体有十分大的伤害。它会结合血红蛋白生成碳氧血红蛋白，碳氧血红蛋白不能提供氧气给身体组织，这种情况被称为血缺氧。浓度高至667ppm可能会导致高达50%人体的血红蛋白转换为碳合血红蛋白，可能会导致昏迷和死亡。而香烟中亦含有一氧化碳。最常见的一氧化碳中毒症状，如头痛、恶心、呕吐、头晕、疲劳和虚弱的感觉。一氧化碳中毒症状包括视网膜出血，以及异常樱桃红色的血。暴露在一氧化碳中可能严重损害心脏和中枢神经系统，会有后遗症。一氧化碳可能令孕妇胎儿产生严重的不良影响。

在洗澡房、供暖房间里，应加强自然通风，防止输送管道和阀门漏气。有条件时，可装CO自动报警器，防止生活中CO中毒事故的发生。

一氧化碳中毒后的紧急处理五步骤：

（1）将门窗打开，勿碰触室内家电，以防爆炸。

（2）将患者移到通风地，并解开衣服，保持仰卧姿势。

（3）将患者头部后仰，使气道畅通。

（4）患者如有呼吸，要以毛毯盖住身体保温，迅速就医。

（5）患者如无呼吸，要一面施行人工呼吸，一面呼叫救护车。

3. 香烟有害人体健康

在各种可预防致死原因之中，吸烟占最大部分。吸烟增加患肺癌的机会，而肺癌是死亡率最高、最难治疗的癌症，80%～90%的肺癌是由吸烟引起，30%由癌症引致的死亡是由于吸烟。其他肺病像肺气肿亦与吸烟有关，吸烟增加患心脏病的机会，怀孕时吸烟增加流产及婴儿体重不足的可能。吸烟者看上去比不吸烟者年老，因为香烟会增加皮肤的皱纹。同时由于吸烟会增加新陈代谢的速度，所以吸烟者体重会下降。

点燃香烟的烟雾中含约4000种化学物质，很多是有毒物质、导致异变物质及有数千种致癌物质。香烟中含有一氧化碳，会引起头晕，能使人体呼吸困难，诱发肺癌以及肝炎。吸烟有害健康，人们应远离香烟。

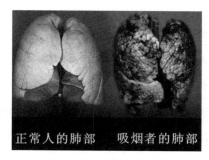

吸烟和不吸烟者肺的比较

远离香烟

二、科学实验室

香烟燃烧产生什么物质？

【实验】

实验用品：香烟、塑料瓶、小刀、剪刀、水槽、橡皮筋、纸巾、洗耳球。

实验步骤：如下所示。

步骤1：取1个空矿泉水瓶，用小刀分别在瓶盖和靠近瓶底2cm的位置各钻1个小孔，下端小孔用防水胶布贴上。

实验步骤1

步骤2：在瓶盖的小孔上塞一截吸管，把香烟固定在吸管上，将瓶子装满水，盖好瓶盖，把瓶子放入水槽中。点燃香烟，撕开防水胶布，可观察到水慢慢排出瓶外，瓶内产生大量白烟。

实验步骤2

步骤3：待香烟燃烧完全后取出，拧开瓶盖，放一张白色干净的纸巾，用皮筋套紧固定。用打气筒对准下端小孔，把瓶内白烟推出瓶口。

实验步骤3

步骤4：待白烟全部排出后，可观察到纸巾表面出现有大量黄色焦油。撕开香烟滤嘴，可观察到滤嘴由白色变成黄色。对比吸收白烟前后的水，后者变成黄色。

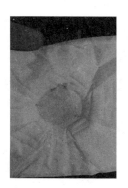

实验步骤4

三、课外拓展

（1）新闻链接：

煤气中毒事故

（2）调查资源：

香烟危害身体过程

（3）视频科普：

直击香烟危害

（珠海市第八中学　李永凤）

第五章 燃 烧

第一节　燃烧和灭火

你将有以下收获

1. 知道燃烧的条件、灭火的原理和方法。

2. 能用燃烧条件解释生活中灭火的事例。

3. 体验实验探究的过程，学习对观察的现象进行分析得出结论的科学方法。

4. 提高动手能力和勇于探索的科学精神。

5. 提升科学素养，逐步形成正确的人生观、世界观和方法论。

一、科学图书馆

1. 火的发现和利用

燃烧是人类最早利用的化学反应之一，人类利用燃烧反应的历史可追溯到远古时代。在能够熟练使用火之前，人类过着原始的生活。所谓"食草木之食，鸟兽之肉，饮其血，茹其毛。"如《韩非子》中所说："民食果蓏蚌蛤，腥臊恶臭而伤害腹胃，民多疾病。"但在人类能够熟练使用火后，人类的饮食便发生了天翻地覆的变化，就是所谓的"炮生为熟，令人无腹疾，有异于禽兽。"按中国传说来讲，钻燧取火的燧人氏是最早能够使用火的中国古代先民。考古学家从周口店北京猿人所用石器初步推测，中国猿人开始自觉用火的时间，大约在五十万年以前。火与人类生活以及社会的发展有着密切的联系，火在给我们生活带来便利的同时，同样会给我们带来伤害。所以，只有更好的控制火，才能利用火造福人类。

2. 氧化反应

物质失电子的作用叫氧化反应，狭义的氧化指物质与氧化合。物质与氧缓慢反应，缓缓发热而不发光的氧化叫缓慢氧化，如金属锈蚀、生物呼吸等；剧烈的发光放热的氧化叫燃烧。

3. 着火点

物质燃烧所需的最低温度叫作着火点。不同的物质的着火点如下表所示：

物质	白磷	红磷	木材	木炭	无烟煤
着火点/℃	40	240	250～330	320～370	700～750

二、科学实验室

1. 什么是燃烧？

【实验一】

实验用品：火柴、蜡烛、纸张。

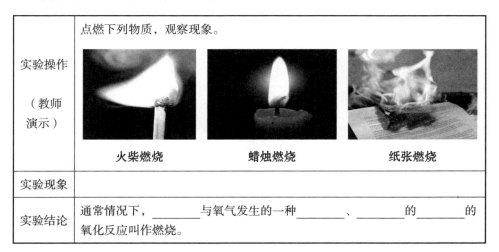

实验操作 （教师 演示）	点燃下列物质，观察现象。 火柴燃烧　　　　蜡烛燃烧　　　　纸张燃烧
实验现象	
实验结论	通常情况下，_____与氧气发生的一种_____、_____的_____的氧化反应叫作燃烧。

2. 燃烧需要哪些条件？

【实验二】

实验用品：镊子、酒精灯、玻璃杯（或烧杯）、蜡烛、木条、小石子、煤块。

实验步骤	实验现象	实验结论
用镊子分别夹取一根木条和一块小石子在酒精灯上点燃	＿＿＿＿＿＿＿＿	燃烧需要有＿＿＿＿
分别点燃两支蜡烛，其中一支用玻璃杯（或烧杯）罩住	＿＿＿＿＿＿＿＿	燃烧需要有＿＿＿＿
用镊子分别夹取一根木条和一小块煤块在酒精灯上点燃	＿＿＿＿＿＿＿＿	燃烧需要有＿＿＿＿

小结：燃烧条件缺一不可。

燃烧条件

3. 怎样利用剪刀、抹布、水、沙子等物品熄灭燃着的蜡烛？

【实验三】

序号	灭火操作	分析原因即灭火原理
1		
2		
3		
4		
...		

小结：灭火原理（燃烧条件缺一即可灭火）。

（1）清除（或隔离）_____。

（2）隔绝_____。

（3）使_____降到着火点以下。

三、课外拓展

（1）你知道生活中下列情况如何灭火吗？说说原因。

① 炒菜油锅着火如何灭火？

② 棉被着火如何灭火？

（2）发生森林火灾时将火焰蔓延线路前的小片树木砍掉能灭火吗？

（3）利用生活中的物品，设计了解燃烧需要哪些条件的实验方案（因为实验存在安全隐患，故要求只设计实验方案即可）。

（4）视频科普：

燃烧条件和灭火原理

（珠海前山中学　王颖）

第二节　DIY灭火器

你将有以下收获

1. 了解二氧化碳不能燃烧也不支持燃烧的性质，知道二氧化碳可以用来灭火。

2. 知道柠檬酸（或醋酸）可以和小苏打反应产生二氧化碳。

3. 知道灭火器里装有不同的化学药品，用来扑灭不同材质引起的火灾。

4. 会运用思考、讨论的方法来获取信息，会运用实验的方法得出结论。

5. 培养合作交流意识和探索创新精神。

一、科学图书馆

　　灭火器是一种可携式灭火工具，里面放置化学物品，用以灭火。灭火器是常见的防火设施之一，存放在公共场所或容易发生火灾的地方，不同种类的灭火器里填充的物质不一样，用以扑灭不同材质引起的火灾，所以使用时必须要注意灭火器的使用范围，以免产生反效果，引起危险。[详见课外拓展（3）]

1. 常见灭火器的使用

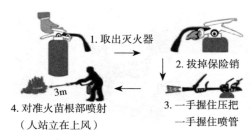

常见灭火器的使用方法

2. 灭火器的发展史

第一个真正的专用灭火器是由英国船长、诺福克郡人曼比于1816年发明的，它仅是一个装1L多水并充有压缩空气的圆桶。

19世纪中叶，法国医生加利埃发明了手提式化学灭火器。化学式灭火器将碳酸氢钠和水混合放在桶内，另用一玻璃瓶盛着硫酸装在桶口内。使用时由撞针击破瓶子，使化学物质混合，产生二氧化碳，把水压出桶外。

1905年，俄国的劳伦特教授在圣彼得堡发明一种泡沫灭火剂，是把硫酸铝与碳酸氢钠溶液混合并加入稳定剂，使灭火器喷出后生成含有二氧化碳的泡沫，浮在燃烧的油、漆或汽油上，能有效地隔绝氧气，窒熄火焰。

1909年，纽约的戴维森取得一项专利，利用二氧化碳从灭火器内压出产生四氯化碳，这种液体会立即变成不可燃的较重气体可以闷熄火焰。此后又出现了干粉灭火器、液态二氧化碳灭火器等多种小型灭火器。

灭火器

3. 查阅资料

（1）二氧化碳常温下是一种无色无味的气体，密度比空气大，不能燃烧也不支持燃烧，可用于灭火。

（2）醋酸（或柠檬酸溶液）和小苏打反应会产生二氧化碳气体。

二、科学实验室

1. 变大的气球

【实验一】

实验用品：塑料瓶、药匙、气球、醋酸（白醋或柠檬酸）、小苏打。

实验步骤	步骤1：在塑料瓶中倒入半瓶醋酸（或在塑料瓶中先放入半袋柠檬酸，倒入水至瓶子大约三分之二处，摇匀，直至柠檬酸完全溶解。） 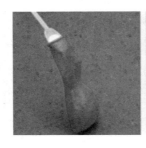  步骤2：将半袋小苏打倒入气球中，并把气球固定在塑料瓶口 步骤3：提起气球，将气球中的小苏打全部倒入塑料瓶中，松开手，观察现象
实验现象	
实验分析	

2. 熄灭的蜡烛

【实验二】

实验用品：塑料杯（或烧杯）、药匙、蜡烛、醋酸（白醋或柠檬酸）、小苏打。

实验步骤	步骤1：将小苏打取适量倒入塑料杯（或烧杯）中 步骤2：将燃着的蜡烛放入杯中，向杯中加入醋酸，观察现象（或将柠檬酸和小苏打各取一半倒入塑料杯中，混匀，放入燃着的蜡烛，然后滴加水。） 
实验现象	
实验分析	

3. DIY灭火器

【实验三】

（1）自制灭火器欣赏：

轻松做出灭火器　　　　　　自制泡沫灭火器

（2）利用生活中的物品，设计属于自己的灭火器。（画出简图）

（3）课堂实践：（建议教师演示）

实验用品	实验步骤
瓶盖（或瓶颈）扎好小孔的矿泉水瓶、碎碎冰的塑料管（或试管）、棉线或筷子、家用小苏打、食醋、洗洁精、塑料杯  	1. 向矿泉水瓶里加入少半瓶水，向里面加小苏打，直至小苏打不能溶解为止，形成小苏打的浓溶液，然后加入洗洁精，摇匀起泡 2. 用棉线系住塑料管（或试管），然后向塑料管（或试管）里倒入食醋，小心地将塑料管放入矿泉水瓶中（也可用筷子固定），注意不要将液体洒出 3. 倒置装置，对准燃着的蜡烛灭火（注意不要喷到自己或他人）

三、课外拓展

（1）会吹气球的瓶子：猜猜下列饮料能吹大气球的原因。

各种饮料吹大气球

（2）视频科普：

灭火器的分类和使用

（珠海前山中学　王颖）

第三节　生命教育——火灾自救

你将有以下收获

1. 知道并掌握火灾自救的方法。

2. 增强消防安全意识。

3. 能合理运用燃烧的知识和灭火的原理解决日常生活中一些简单的防火问题，通过观看火灾逃生的视频学习自救的方法。

4. 提高调查研究和收集处理信息的能力。

5. 珍爱生命，树立消防安全意识，增强关注社会的责任感。

一、科学图书馆

火的诞生，促进了人类物质文明的不断发展，但同时火灾又是具有巨大破坏力的多发性灾害。火在带给我们幸福的同时又为我们留下了多少血泪教训、令人揪心的故事。中国有一句古话叫作："人间有情，水火无情。"此前有一则新闻——天津河西区泰山里楼道半夜起火，火势严重，一女子发现后并没有独自逃生，而是挨家挨户地叫醒邻居。前前后后叫醒了十几户人家，使得火灾后的生命财产损失得到了有效地降低。这是比较幸运的案例，在面对火灾的时候，我们的生命往往显得苍白无力。火灾是日常生活中常见的灾害，据专家统计，很大一部分人死于火灾是由于逃生方法不正确造成的。从这个意义上说，是否具备消防常识，决定了一个人的生死……只有懂得了方法，才能在发生危险时更好的自救。

二、科学实验室

1. 烧杯罩在燃着的高低不同的蜡烛上，观察蜡烛的熄灭情况，思考原因

【实验一】

实验一过程

火灾自救宣传画

注：火灾发生时，由于温度过高，二氧化碳气体和一些有毒气体、烟尘会升腾在上方，所以人应该贴近地面迅速撤离（必要时匍匐前进）。

2. 灭火的四种方法

【实验二】

（1）冷却法：由于可燃物质起火必须具备相对的着火温度，灭火时只要将水、泡沫或二氧化碳等具有冷却降温和吸热作用的灭火剂，直接喷洒到着火的物体上，使其温度降到燃烧所需的最低温度以下，火就会熄灭。这种方法在扑救家庭火灾中最常用，也很有效。

（2）窒息法：灭火时采用捂盖的方式，使空气不能继续进入燃烧区或进入很少；也可用氮气、二氧化碳等不燃气体"冲淡"燃烧区的空气，使燃烧因缺少氧气而熄灭。如炒菜时锅里的油起火，只要用锅盖一盖，火就会立即熄灭。人身上的衣服着了火，躺到地上用物品将身体遮盖住，火焰马上被扑灭。

（3）隔离法：运用隔离法灭火主要采取以下两种方式：

① 扑救火灾时迅速将着火部位周围的可燃物搬移疏散开。

② 将着火物质转移到没有可燃物质的地方。

（4）抑制法：是一种化学灭火方法，目前主要用"1202""1211"等卤代烷和干粉灭火剂往燃烧区内喷射，让灭火剂加入到燃烧的过程之中，使燃烧迅速停止。其优点是灭火效率高，尤其是1211灭火剂，灭火后不留痕迹，不会造成污损。

三、课外拓展

（1）视频科普：

火灾逃生自救方法视频

（2）火灾自救三字经：

人生路	长漫漫	五千年	火陪伴	恰用火	送温暖	如大意	受灾难
火着起	条件三	可燃物	氧助燃	点火源	紧相连	三去一	火自完
灭火法	有四点	一冷却	二隔离	三窒息	四抑制	多学习	常操演
遵法规	不蛮干	谁主管	谁负责	防火制	落实坚	本岗位	懂火险
报火警	会圆满	懂预防	措施善	灭火器	会熟练	懂灭火	法全面
初期火	会全歼	打电话	１１９	须讲清	何地点	何物燃	何部位
火势悬	迎警车	路口边	消防队	不收钱	火场上	情万变	知情人
及时言	保现场	协作战	先控制	救人员	急重点	再一般	平日里
想安全	教育孩	火不玩	扔烟头	不随便	引火种	不乱散	装饰房
材料选	不易燃	不可燃	新改建	审批办	防火距	合规范	不损坏
不圈占	不埋压	消火栓	危险品	严管限	公场所	禁靠边	出门外
留心看	消防标	怎避患	遇情况	不慌乱	消防道	要通坦	消防事
关民安	见危害	人人管	生活中	火看严	危险物	不近前	燃气漏

阀门关	开门窗	禁火电	电线老	快修换	保险丝	用专件	铜铁代
不保险	不超荷	使用电	火灾来	迅疏散	钱物财	别贪恋	披湿物
穿浓烟	捂口鼻	贴地面	身着火	把滚翻	厚衣物	闷火焰	火封门
逃生难	湿被褥	门缝掩	泼冷水	呼救援	消防经	要常念	牢记住
益非浅	抓防火	保平安	万家欢				

（3）在班主任带领下，在班会课上开展一次有关火灾自救的现场模拟。

（4）调查一些火灾事故，分析原因，做一期有关火灾自救的宣传板报。

（珠海前山中学　王颖）

第六章 金属

第一节　金属与合金

你将有以下收获

1. 了解金属的物理特征及常见用途。

2. 知道纯金属与合金在组成和性能上的区别，了解合金比纯金属具有更广泛的用途。

3. 初步学习运用观察、实验的研究方法。在探究过程中培养学生观察、分析、归纳、概括的能力。

4. 关注生活，感受学习化学的意义，体会金属材料特别是新型金属材料对改善人类生活和社会发展的积极作用，鼓励学生努力学习，创造出性能更优越的金属材料。

一、科学图书馆

1. 你所知道最常见的金属有哪些?

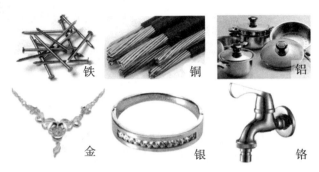

生活中常见的金属

2. 金属的一些物理性质

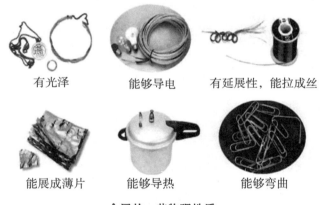

有光泽　　　能够导电　　　有延展性，能拉成丝

能展成薄片　　　能够导热　　　能够弯曲

金属的一些物理性质

3. 金属之最

地壳中含量最高的金属元素——铝;

人体中含量最高的金属元素——钙;

目前世界年产量最高的金属——铁;

导电、导热性最好的金属——银;

硬度最高的金属——铬;

熔点最高的金属——钨；

熔点最低的金属——汞。

4. 合金

合金是由一种金属跟其他一种或几种金属（或非金属）所形成的具有金属特性的混合物。

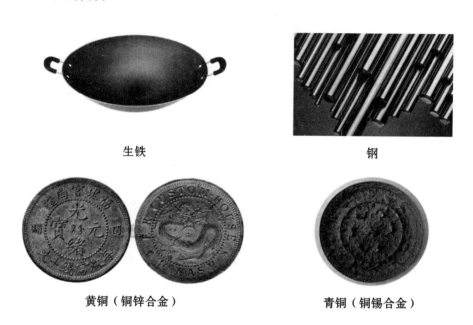

生铁

钢

黄铜（铜锌合金）

青铜（铜锡合金）

二、科学实验室

【实验】

实验步骤：比较黄铜片和铜片的光泽和颜色；将它们互相刻画，比较它们的硬度。

性质比较	现象	
	黄铜	铜
光泽和颜色		
硬度		
结论		

三、课外拓展

金属　　　　　　　合金

（珠海市第十一中学　张晓欢）

第二节　铁的锈蚀与防护

一、科学图书馆

1. 铁锈

铁锈，主要成分为氧化铁，别名铁丹、铁红、红粉、威尼斯红等，为红棕色粉末。其红棕色粉末为一种低级颜料，工业上称氧化铁红，用于油漆、油墨、橡胶等工业中，可做催化剂；玻璃、宝石、金属的抛光剂，可用作炼铁原料。当一滴雨水落到一块光亮的铁的表面时，短时间内水滴保持着清洁。然而过了不久以后，铁和水中的氧开始化合，形成氧化铁，即铁锈。水滴将变成微红色，铁锈则悬浮在水中。当水滴蒸发的以后，铁锈留在铁的表面上，形成了微红色的锈层。

生活中铁制品生锈的例子

2. 铁锈的危害

铁锈很疏松，不能阻碍里层的铁继续生锈，因此铁制品可以全部锈蚀，而生锈的铁制品很难保持原有的强度和硬度。铁锈蚀是一个世界级难题，每年约有1/4的钢铁因锈蚀而报废，这是多么惊人的数字啊！

城建专家宣布，水污染的最直接的原因恰恰是一直不被重视的环节——自来水输送管道最末端累积的铁锈所致；在自来水的检测中，超重金属含量也就是水锈的含量过高是水污染的第一指标。铁锈污染成了自来水污染中的最大危害。有实验证明，都市人的肝病发病率高于乡村人口的主要原因就是饮用水中的氧化铁，这些金属成分本来是人体不可缺少的，但是人体摄入的铁物质过多也会导致很多疾病，其中最直接的也是危害最大的就是氧化铁对人类肝脏的损害。

3. 铁制品的防护

了解铁制品锈蚀的条件，就可以根据这些条件，寻找防止铁制品锈蚀的方法。

（1）组成合金，以改变铁内部的组织结构。例如，把铬、镍等金属加入普通钢里制成不锈钢，就大大地增加了钢铁制品的抗生锈能力。

（2）在铁制品表面覆盖保护层是防止铁制品生锈普遍而重要的方法。根据保护层的成分不同，可分为如下几种：第一种是在铁制品表面涂矿物性油、油漆或烧制搪瓷、喷塑等。例如：车厢、水桶等常涂油漆；机器常涂矿物性油等。第二种是在钢铁表面用电镀、热镀等方法镀上一层不易生锈的金属，如锌、锡、铬、镍等。这些金属在铁的表面都能形成一层致密的氧化物薄膜，从而防止铁制品和水、空气等物质接触而生锈。第三种是用化学方法使铁制品表面生成一层致密而稳定的氧化膜以防止铁制品生锈。

自行车

（3）保持铁制品表面的洁净和干燥也是防止铁制品生锈的一种很好的方法。

二、科学实验室

生活中有很多东西可以代替实验室的仪器和药品，只要我们多思考，很多实验也可以在家里完成！

【实验一】

观察铁锈的外观，记录现象在下面的方格里。

【实验二】

取3个塑料杯，分别加入一根打磨过的铁钉。往第一个杯中加入煮沸过的凉开水至浸没铁钉的一半；往第二个杯加水至浸没铁钉，再加入一些植物

油；往第三个杯中放入2团棉花，并用纸巾封紧。3天后观察现象，并将结果拍照记录在下面的方格里。

三、课外拓展

金属资源的利用和保护——科普中国

（珠海市第十一中学　张晓欢）

第七章 酸碱盐

第一节 厨房中的食醋

你将有以下收获

1. 了解食醋及其作用。

2. 了解食醋的物理性质和化学性质。

一、科学图书馆

厨房中的食醋你见过吗？常见的食醋都有哪些呢？你知道食醋有何作用吗？

1. 食醋及其作用

食醋味酸而醇厚，液香而柔和，它是烹饪中一种必不可少的酸味调味品，其主要成分为醋酸。酿醋主要使用大米或高粱为原料。适当的发酵可使含碳水化合物（糖、淀粉）的液体转化成酒精和二氧化碳，酒精再受某种细菌的作用与空气中氧结合即生成醋酸和水。所以说，酿醋的过程就是使酒精进一步氧化成醋酸的过程。

几种常见的醋

食醋除主要成分是醋酸外，还含有丰富的钙、氨基酸、琥珀酸、葡萄酸、苹果酸、乳酸、B族维生素及盐类等对身体有益的营养成分。

醋的作用非常广，例如：醋可消化脂肪和糖。适当地喝醋，不仅可以减肥，还可以促使营养素在体内的吸收和提高热能利用率，促进身体健康。另外，醋还含有丰富的K、Na、Ca、Mg等金属元素，因其被摄入人体后最终代谢产物呈碱性，故称为碱性食物。

配　品

名：米香醋

料：水、黄米、小麦、玉米、高粱、麸皮、食品添加剂：苯甲酸钠、焦糖色。

执行标准:GB18187-2000(固态发酵)

卫生指标:GB2719-2003

总酸（以乙酸计）:≥3.5g/100ml

生产日期：打印于标签

保质期：12个月

产　地：甘肃平凉

食醋商品标签

2. 食醋的性质

食醋的主要成分为醋酸，又名乙酸，常温下为液体，有刺鼻的醋酸味，能溶于水。食醋根据成分不同呈现不同的颜色，例如黑色、无色等。

醋酸是一种酸，由于酸的性质，对于许多金属，醋酸是有腐蚀性的，例如铁、镁和锌，能与醋酸反应生成氢气。铝在空气中表面会形成氧化铝保护层，但是在醋酸的作用下，氧化膜会被破坏，内部的铝就可以直接和醋酸作用。

鸡蛋壳的主要成分是碳酸钙，和醋酸反应后会生成二氧化碳。醋蛋就是鸡蛋壳长时间浸泡在醋酸中发生化学反应形成的。由于长时间浸泡，碳酸钙少了很多，鸡蛋壳软化，并且，鸡蛋壳中的蛋白质因醋酸而凝固，所以会比普通鸡蛋吃起来硬一些。利用蛋白质能因醋酸而凝固的这一特性，还可以在豆浆中加入醋做成"豆腐"呢。

根据酸能与一些物质反应生成二氧化碳气体的原理，可以制成碳酸饮料。例如我们熟悉的汽水，就是用食用柠檬酸和小苏打溶于水后，能发生化学反应，产生二氧化碳气体。二氧化碳气体溶解在含糖、果汁等成分的水中，便可以制成汽水。当打开汽水瓶盖时，冒出来的气泡就是二氧化碳气体。

二、科学实验室

1. 探究食醋的物理性质

【实验一】

实验用品：不同品种的食醋、一次性杯子。

实验步骤：请你取一个干净的一次性杯子，倒入少量的食醋，观察并将结果记录在表格里。

操作	现象
看一看（颜色、状态等）	
闻一闻（气味）	
尝一尝（味道）	

2. 探究食醋的酸碱性

【实验二】

实验用品：白醋、紫色石蕊溶液、试管、胶头滴管。

实验步骤：取一支试管，倒入1～2mL白醋于试管中，滴加1～2滴紫色石蕊溶液，震荡试管，观察现象，并将结果记录在表格里。（紫色石蕊溶液遇酸变红，遇碱变蓝）

	预测：酸或碱	紫色石蕊溶液的变化	结论：酸性或碱性
白醋	酸性		

3. 醋蛋

【实验三】

实验用品：烧杯、鸡蛋、白醋。

实验步骤：在烧杯中放一个鸡蛋，往烧杯中倒入白醋至浸没鸡蛋，观察现象。约两个小时后，取出鸡蛋再观察（反应过程中，若观察到反应变慢了，可将烧杯中的液体倒掉，倒入新的白醋）

	刚开始反应	一天以后
实验现象		
实验结论		

鸡蛋浸泡在白醋中

浸泡过后的鸡蛋

三、课外拓展

（1）知识链接：

醋的妙用

（2）艺术链接：画一幅画。

请戴上手套，用牙签蘸取白醋在鸡蛋壳上绘画。

（3）生活链接：

自制汽水

（珠海市第九中学　古彩燕）

第二节　厨房中的盐——食盐

一、科学图书馆

同学们认识图片中的小朋友吗？他就是大名鼎鼎的潘冬子，他是一名名副其实的红军战士，也是我们心目中的小英雄。在抗日战争时期他为我们敬爱的红军做出好多贡献，比如说在红军战士们极度缺盐的时候曾经为战士们冒死送盐。

1. 什么是食盐

食盐，又称餐桌盐，是人类生存最重要的物质之一，也是烹饪中最常用的调味料。盐的主要化学成分氯化钠（化学式$NaCl$）在食盐中含量为99%，部分地区所出品的食盐加入氯化钾以降低氯化钠的含量，可降低高血压发生率。同时世界大部分地区的食盐都通过添加碘来预防碘缺乏病，添加了碘的食盐叫作碘盐。

2. 食盐的作用

食盐，不仅是人们日常生活中不可缺少的调味品，而且是维持人体正常新陈代谢的重要物质之一。对于盐的用途，人们一般只局限于食盐的调味认识，除此之外它还有许多其他的用途，例如：①盐水可以消毒。抗日战争时期，我八路军部队因缺医少药，经常用盐水来消毒。②盐是维护人体生命的重要物质。如果人连续几天不摄入盐，就会浑身无力，抵抗力就会降低，接着便会有种种疾病发生。《闪闪红星》电影中，潘冬子为了让山上游击队员吃到食盐，用尽智慧，躲避敌人的搜查，终于把盐巧妙地运上山。③盐的医用用途。用蒸馏水加上精制食盐所配制的生理盐水，常用来抢救失液、失血严重的垂危病人。

总而言之，盐的用途很多。

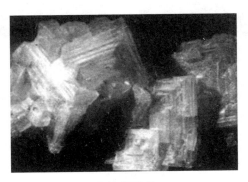

食盐的形态

3. 食盐的来源

中国食盐储备充足，各省都有国家级食盐储备。中国食盐资源丰富，海盐只是其中一部分。食盐资源主要有：海盐、湖盐、岩盐（盐矿）；中国是世界上湖盐矿产资源极其丰富的少数几个国家之一，岩盐矿床资源方面已查明储量大于100亿吨的岩盐矿床就有10余个。中国产盐地并非仅仅东部等沿海地区，连内蒙古、青海都是产盐大户。

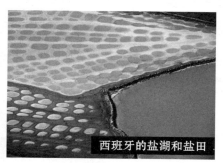

海水盐田

山西运城的河东盐池

自贡的盐井水

西班牙的盐湖和盐田

食盐的来源

中国湖盐产量最多的省是青海，全国湖盐年产量500万吨左右。井矿矿盐区包括四川、湖北、湖南、云南、江西、河南、重庆及安徽等省、市，另外，江苏、山东、广东、甘肃、陕西等省也有矿盐。近年来，井矿盐的年产量已达1000吨以上，占全国总产盐量的1/4。

二、科学实验室

1. 粗盐提纯

【教师演示实验】

实验药品：粗盐、蒸馏水。

实验器材：托盘天平（含砝码）、量筒、烧杯，玻璃棒、药匙、漏斗，滤纸、铁架台（带铁圈）、胶头滴管、若干一样的小纸片、研钵、研杵、滤纸。

实验步骤：

（1）溶解：用托盘天平称取2g粗盐（精确到0.1g）。用量筒量取10mL水倒入烧杯里，用药匙取一匙粗盐加入水中，并用玻璃棒搅拌，观察现象（玻璃棒的搅拌对粗盐的溶解起什么作用？搅拌，加速溶解），接着再加入粗盐，边加边用玻璃棒搅拌，一直加到粗盐不再溶解时为止，观察溶液是否变浑浊。

在天平上称量剩下的粗盐，计算在10mL水中大约溶解了多少克粗盐。

（2）过滤：将滤纸折叠后用玻璃棒蘸水润湿使其紧贴漏斗内壁并使滤纸上沿低于漏斗口，溶液液面低于滤纸上沿，倾倒液体的烧杯口要紧靠玻璃棒，玻璃棒的末端紧靠有三层滤纸的一边，漏斗末端紧靠承接滤液的烧杯的内壁。慢慢倾倒液体，待滤纸内无水时，仔细观察滤纸上的剩余物及滤液的颜色。滤液仍浑浊时，应该再过滤一次。

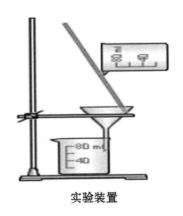

实验装置

2. 烘干食盐水

【学生实验】

实验药品：食盐水。

实验器材：酒精灯、坩埚钳、玻璃片、黑布、吹风机、火柴。

实验步骤：

（1）用胶头滴管滴取几滴过滤后的食盐水在玻璃片上，用坩埚钳夹住玻璃片在酒精灯外焰处加热，水分蒸干后你会观察到什么现象？为什么会出现此现象？

（2）把黑布用过滤后的食盐水浸湿，用吹风机将水分吹干，你会观察到什么现象？为什么会出现此现象？

三、课外拓展

什么是食盐

盐的用途

（珠海市第九中学　刘志涛）

第三节　厨房中的碱——苏打、小苏打

你将有以下收获

▶1. 认识厨房中的两种碱性物质——苏打、小苏打。

2. 知道苏打和小苏打能与酸反应。

一、科学图书馆

通常我们的厨房中有两种常见的碱性物质，一种是俗称纯碱或苏打的碳酸钠（Na_2CO_3），另一种是俗称小苏打的碳酸氢钠（$NaHCO_3$）。那么，它们为什么常出现在厨房中，它们究竟有什么性质呢?

1. 苏打

名称、成分	性状	主要用途
碳酸钠（俗称：纯碱、苏打）Na_2CO_3	白色晶体、风化成粉末，易溶于水，水溶液呈碱性	①造纸原料　②制洗涤剂、洗衣粉　③用于印染工业　④制玻璃、瓷砖原料

在蒸馒头时加一些苏打，可以中和发酵过程中产生的酸性物质。

2. 小苏打

名称、成分	性状	主要用途
碳酸氢钠 （俗称：小苏打） $NaHCO_3$	白色粉末，能溶于水，水溶液有弱的碱性，较易分解	① 做治疗胃酸的胃药　② 做面点发酵剂　③ 做灭火剂的原料

小苏打在生产和生活中有许多重要的用途。在灭火器里，它是产生二氧化碳的原料之一；在食品工业上，它是发酵粉的一种主要原料；在制造清凉饮料时，它也是常用的一种原料；在医疗上，它是治疗胃酸过多的一种药剂。

二、科学实验室

碳酸钠、碳酸氢钠与酸的反应。

【实验】

实验用品：带铁圈的铁架台、试管、单孔橡胶塞、导管、碳酸钠、碳酸氢钠、盐酸、稀硫酸、醋酸、澄清石灰水。

实验步骤	实验现象	实验结论
向盛有0.5g碳酸钠的试管里加入2mL盐酸，迅速用带导管的橡胶塞塞紧试管口，并将导管另一端通入盛有澄清石灰水的试管中（澄清石灰水）	碳酸钠固体逐渐_____，产生大量_____，澄清石灰水_____。	
用碳酸氢钠代替碳酸钠进行上述实验	碳酸氢钠固体逐渐_____，产生大量_____，澄清石灰水_____。	

续　表

实验步骤	实验现象	实验结论
用碳酸钠与稀硫酸进行上述实验	碳酸钠固体逐渐＿＿＿＿＿，产生大量＿＿＿＿＿，澄清石灰水＿＿＿＿＿。	
用碳酸氢钠与稀硫酸进行上述实验	碳酸氢钠固体逐渐＿＿＿＿＿，产生大量＿＿＿＿＿，澄清石灰水＿＿＿＿＿。	
用碳酸钠与食醋进行上述实验	碳酸钠固体逐渐＿＿＿＿＿，产生大量＿＿＿＿＿，澄清石灰水＿＿＿＿＿。	
用碳酸氢钠与食醋进行上述实验	碳酸氢钠固体逐渐＿＿＿＿＿，产生大量＿＿＿＿＿，澄清石灰水＿＿＿＿＿。	

三、课外拓展

（1）知识链接：

碳酸钠

（2）科技链接：

苏打面包

（3）视频资源：

碳酸钠　　　　　　　　碳酸氢钠　　　　　　沧海月明里的珍珠

（珠海市第九中学　宋志昭）

第四节　酸碱指示剂

你将有以下收获

1. 了解酸碱指示剂。

2. 可以利用酸碱指示剂简易鉴别酸性、碱性。

生活中，我们知道有酸味的物质一般是酸，那么，哪些物质是碱呢？我们应该要怎样来区别它们呢？这节课，我们就来解决这个问题！

一、科学图书馆

在化学中，酸碱可以说是最基本的一对名词了。很多物质会被不同的酸碱理论分为酸或者碱，而与之相关的化学反应也会使得周围的酸碱环境发生变化。有时候，物质所处溶液的酸碱度会对其本身乃至发生的反应有巨大影响，所以了解这一点也变得尤为重要。那么，我们怎么才能了解到这种变化呢？之前的传统方法中我们用的是酸碱指示剂。酸碱指示剂会在特定的酸碱环境下呈现不同的颜色，从而起到了帮助我们确定酸碱的作用。我们一起来看看这几个常见的酸碱指示剂。

1. 什么是酸碱指示剂？

酸碱指示剂，是用来测试酸碱性的化学试剂。它们本身是弱酸或弱碱，并含有色素，在滴入溶液时显示不同的色泽。

2. 常见的指示剂

（1）酚酞：酚酞是一种极为常见的酸碱指示剂，而更为常见的是它作为一种药的存在。我们在药店看到的果导片主要成分就是酚酞。酚酞在碱性的环境内发生变色，颜色是从无色到红色（稀溶液则呈粉红色），如下图所示。

酚酞 0 1 2 3 4 5 6 7 8 9 10 11 12 13 14

酚酞特性

（2）石蕊：学化学的人知道有一个很有趣的现象：提到酸，脑子里反应的第一个颜色是红色，而提到碱的时候则会想到蓝色。这一现象屡试不爽，至少有80%的是这样。石蕊便是这个现象最好的体现者了，遇酸变红，遇碱变蓝就是它的特性。

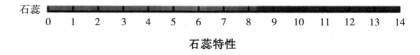

石蕊 0 1 2 3 4 5 6 7 8 9 10 11 12 13 14

石蕊特性

二、科学实验室

1. 探索活动——理论实验

【实验一】

实验用品：紫色石蕊试液、无色酚酞试液、白醋、澄清石灰水、稀盐酸、氢氧化钠溶液、试管、胶头滴管、标签。

实验步骤：

（1）取8支洁净的试管。

（2）取4支试管，分别用胶头滴管取1～2mL白醋、澄清石灰水、稀盐酸、氢氧化钠溶液于试管中，并贴上相应的标签。

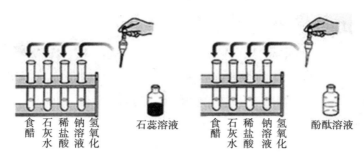

实验一过程

（3）分别向步骤（2）所取试管中滴加1～2滴紫色石蕊试液，观察，并记录颜色变化。

（4）取4支试管，分别用胶头滴管取1～2mL白醋、澄清石灰水、稀盐酸、氢氧化钠溶液于试管中，并贴上相应的标签。

（5）分别向步骤（4）所取试管中滴加1～2滴无色酚酞试液，观察，并记录颜色变化。

结果汇报，填写表格：

样品	预测：酸或碱	紫色石蕊试液的变化	无色酚酞试液的变化	结果：酸性或碱性
白醋	酸	变红	不变色	酸性
澄清石灰水	碱	变蓝	变红	碱性
稀盐酸				
氢氧化钠溶液				

实验小结：

（1）紫色石蕊试剂遇酸变红色，遇碱变蓝色。

（2）无色酚酞试剂遇酸不变色，遇碱变蓝色。

（3）紫色石蕊试剂和无色酚酞试剂为常见的酸碱指示剂。

（4）能与酸或者碱反应，而显示不同颜色的试剂，均可以用作酸碱指示剂。

2. 小实验——生活趣味性实验

【实验二】

实验用品：紫甘蓝、葡萄、蓝莓、牵牛花、鸢尾花、黄色康乃馨、白醋、澄清石灰水、稀盐酸、氢氧化钠溶液、酒精、研钵、纱布、试管、胶头滴管、标签。

实验步骤分为以下几步。

（1）自制酸碱指示剂：在紫甘蓝、葡萄、蓝莓、牵牛花、鸢尾花等中选择其中的一种，在研钵中捣烂，加入少量酒精浸泡；用纱布将浸泡出的汁液过滤或者挤出备用。

（2）取4支试管，分别用胶头滴管取1~2mL白醋、澄清石灰水、稀盐酸、氢氧化钠溶液放于试管中，并贴上相应的标签。

（3）分别向步骤（2）所取试管中滴加1~2滴自制指示剂，观察，并记录颜色变化。

实验结论填入下表：

样品	酸性或碱性	所选自制物质为：		是否可做酸碱指示剂
		自制指示剂的变化 （填是否变色，变成什么色）		
白醋				
澄清石灰水				
稀盐酸				
氢氧化钠溶液				

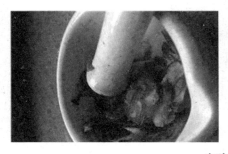 

实验二过程

三、课外拓展

（1）画一幅画：

① 用柠檬汁画一幅画。

② 晾干后，再用葡萄汁擦拭。

③ 这幅画再度显现出来。

（2）视频科普：

化学世界中的变色龙

第五节　物质的酸碱度

你将有以下收获

1. 了解pH试纸的使用。

2. 知道可以利用pH试纸测量溶液酸碱度。

生活中，我们知道一些物质呈酸性，一些物质呈碱性，那我们要怎样比较酸碱性的强弱呢？这节课，我们就来解决这个问题！

一、科学图书馆

化学离不开溶液，溶液有酸碱之分。检验溶液酸碱度的"尺子"是"pH试纸"，这是一种现成的试纸，使用时，撕下一条，放在表面皿中，用一支干燥的玻璃棒蘸取一滴待测溶液，滴在试纸中部，再根据试纸的颜色变化与标准比色卡比对就可以知道溶液的酸碱度，十分方便。

1. 什么是酸碱度？

酸碱度是指溶液的酸碱性强弱程度，一般用pH值来表示。pH<7为酸性，pH=7为中性，pH>7为碱性。

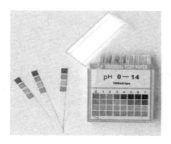 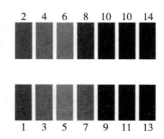

pH试纸

2. pH试纸的使用方法

检验溶液的酸碱度：取一小块试纸在表面皿或玻璃片上，用洁净干燥的玻璃棒蘸取待测液点滴于试纸的中部，观察变化稳定后的颜色，与标准比色卡对比，判断溶液的性质。

检验气体的酸碱性：先用蒸馏水把试纸润湿，粘在玻璃棒的一端，再送到盛有待测气体的容器口附近，观察颜色的变化，判断气体的性质。（试纸不能触及器壁）

3. pH试纸的使用注意事项

（1）试纸不可直接伸入溶液。

（2）试纸不能测浓硫酸的pH。

（3）试纸不可接触试管口、瓶口、导管口等。

（4）测定溶液的pH时，试纸不可事先用蒸馏水润湿，因为润湿试纸相当于稀释被检验的溶液，这会导致测量不准确。正确的方法是用蘸有待测溶液的玻璃棒点滴在试纸的中部，待试纸变色后，再与标准比色卡比较来确定溶液的pH。

（5）取出试纸后，应将盛放试纸的容器盖严，以免被实验室的一些气体沾污，试纸必须在常温下使用，否则会导致结果不准确。

二、科学实验室

1. 探索活动——理论实验

【实验一】

实验用品：稀盐酸、稀硫酸、稀氢氧化钠溶液、氯化钠溶液、玻璃片、玻璃棒、pH试纸。

实验步骤：

（1）分别取1块玻璃片。

（2）分别在玻璃片上放上一小片pH试纸。

（3）分别用玻璃棒蘸取溶液滴到pH试纸上。

（4）把试纸显示的颜色与标准比色卡比较，读出该溶液的pH。

结果汇报，填写表格：

样品	pH	结果：酸碱性
稀盐酸溶液		
稀硫酸溶液		
稀氢氧化钠溶液		
氯化钠溶液		

实验小结：

（1）稀盐酸pH=1，为强酸。

（2）稀硫酸pH=1，为强酸。

（3）稀氢氧化钠溶液pH=14，为强碱。

（4）氯化钠溶液pH=7，为中性溶液。

2. 小实验——生活趣味性实验

【实验二】

实验用品：橘汁、糖水、牛奶、番茄汁、肥皂水、苹果汁、汽水、自来水、唾液、草木灰水、洗洁精、白醋、洁厕液、玻璃片、玻璃棒、pH试纸。

实验步骤：

（1）分别取1块玻璃片。

（2）分别在玻璃片上放上一小片pH试纸。

（3）分别用玻璃棒蘸取待测溶液滴到pH试纸上。

（4）把试纸显示的颜色与标准比色卡比较，读出该溶液的pH。

实验结论，填入下表：

样品	pH	酸碱性	样品	pH	酸碱性
橘汁			汽水		
糖水			自来水		
牛奶			唾液		
番茄汁			草木灰水		

续 表

样品	pH	酸碱性	样品	pH	酸碱性
肥皂水			白醋		
苹果汁			洁厕液		
洗洁精					

三、课外拓展

（1）取生活中感兴趣的溶液，测量并记录其pH，判断其酸碱性。

样品	pH	酸碱性	样品	pH	酸碱性

（2）视频科普：

pH值——神探夏洛克的追踪术

（珠海市第九中学 孙歆）

第六节　认识化肥

一、科学图书馆

1. 什么是化肥？

植物生长需要养分，土壤所能提供的养分是有限的，因此需要靠施肥来补充，施肥是使农业增产的重要手段。人类最初使用的肥料是人畜粪便、植物体等沤制的天然有机肥料。18世纪中期，随着人们对化学元素与植物生长关系的了解，出现了以化学和物理方法制成的含农作物生长所需营养元素的化学肥料（简称化肥）。之后，随着世界人口的增长，人类对农产品需求量增大，增施化肥逐渐成为农作物增产的最有力措施，施用化肥的增产作用占增产因素总和的30%～60%。

农作物所必需的营养元素有碳、氢、氧、氮、磷、钾、钙、镁等，其中氮、磷、钾需要量比较大，因此氮肥、磷肥和钾肥是最主要的化学肥料。有些化肥中同时含有两种或两种以上的营养元素，这样的化肥叫复合肥料。

分类	主要化学成分	主要作用	示例
氮肥	含氮的化合物：尿素、氨水、铵盐（如碳酸氢铵和氯化铵），以及硝酸盐（如硝酸铵和硝酸钠）等	氮是植物体内蛋白质、核酸和叶绿素的组成元素。氮肥有促进植物茎、叶生长茂盛，使叶色浓绿，提高植物蛋白质含量的作用	
磷肥	磷酸盐：磷矿粉、钙镁磷肥、过磷酸钙等	磷是植物体内核酸、蛋白质和酶等多种重要化合物的组成元素，磷可以促进作物生长，还可增强作物的抗寒、抗旱的能力	
钾肥	硫酸钾、氯化钾等	钾在植物代谢活跃的器官和组织中的分布量较高，具有保证各种代谢过程的顺利进行、促进植物生长、增强抗病虫害和抗倒伏能力等功能	玉米缺钾症状

2. 化肥与人类环境

化肥对提高农作物的产量具有重要作用。但是，由于化肥中常含有一些重金属元素、有毒有机物和放射性物质，施入土壤后形成潜在的土壤污染；另外化肥在施用过程中因某些成分的积累、流失或变化，可能引起土壤酸化、水域氮和磷含量升高、氮化物和硫化物气体排放等，造成土壤退化和水、大气环境的污染。因此，要根据土壤和气候条件、作物营养特点、化肥性质及其在土壤中的变化等，有针对性、均衡适度地施用化肥，提高施用效率，减少负面作用。

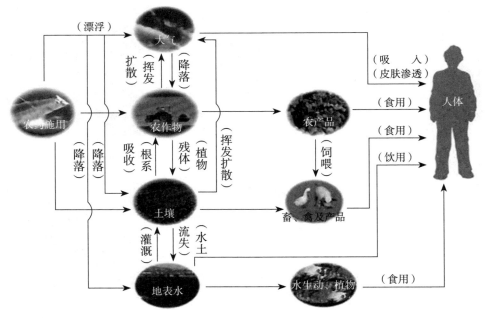

化肥与人类环境

二、科学实验室

根据各种化肥的物理性质初步区分氮肥、磷肥和钾肥的方法。

资料卡片：

	氮肥		磷肥		钾肥	
	碳酸氢铵	氯化铵	磷矿粉	过磷酸钙	硫酸钾	氯化钾
外观	白色固体	白色固体	灰白色	灰白色	白色固体	白色固体
气味	有刺激性气味	无味	无味	无味	无味	无味
溶解性	易溶	易溶	难溶	部分溶	易溶	易溶

【实验】

实验药品：氮肥（氯化铵）、磷肥（磷矿粉）、钾肥（氯化钾）。

实验步骤	外观	气味	溶解性
先观察药品的颜色，然后闻气味，再分别加入清水中观察 	白色晶体是_____和_____，灰白色粉末是_____	有刺激性气味的是_____，无明显气味的是_____	易溶于水的是_____和_____，难溶于水的是_____

三、课外拓展

1. 自制有机化肥——花肥

步骤1：准备香蕉皮，并用剪刀将这些皮剪碎，方便分解。

步骤1

步骤2：尽可能找一个大点的垃圾桶，先在垃圾桶底端放入10cm左右的花土，将适量的香蕉皮碎片放入土中，然后盖一层土，再放一层香蕉皮碎片，直到放满以后用土封好。

步骤3：沤成的腐殖土可以直接栽花，也可以做花肥。

（同理各种果皮、厨房剩菜、树叶都可以用此种方法获得肥料）

步骤2

步骤3　做好的花肥

2. 知识拓展链接

（1）利用互联网查阅并了解其他的家庭制作氮肥、磷肥、钾肥的简易方法。

（2）视频科普：

家庭制作肥料的方法

（珠海立才学校　温思）

第八章 化学元素与健康

第一节　化学元素与人体健康

一、科学图书馆

人体中的50多种元素在自然界中都可以找到。人体中含量较多的元素有11种，它们约占人体质量的99.95%。在人体中含量超过0.01%的元素，称为常量元素；含量在0.01%以下的元素，称为微量元素。一些微量元素在人体中的含量虽然很小，却是维持正常生命活动所必需的。在人体中，含量较多的四种元素是氧、碳、氢、氮，其余的元素主要以无机盐的形式存在于水溶液中。它们有些是构成人体组织的重要材料；有些能够调节人体的新陈代谢，促进身体健康。

1. 人体中常量元素——钙

钙是人体内含量最高的金属元素，是构成人体的重要组分。成人体内约含钙

1.2kg，其中99%存在于骨骼和牙齿中，主要以羟基磷酸钙 $[Ca_{10}(PO_4)_6(OH)_2]$ 晶体的形式存在，它使得骨骼和牙齿具有坚硬的结构支架。幼儿及青少年缺钙会患佝偻病和发育不良，老年人缺钙会发生骨质疏松，容易骨折。因此，人体每日必须摄入足够量的钙。未成年人正处于生长发育阶段，需要摄入比成年人更多的钙。

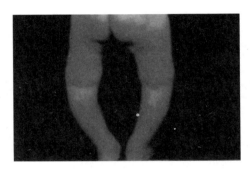

幼儿缺钙

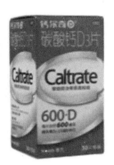

钙片

奶、奶制品、豆类、虾皮等食物中含钙丰富，是日常饮食中钙的较好来源。因缺钙而导致骨质疏松、佝偻病等的患者应在医生的指导下服用钙片等补钙药品。

2. 人体中常量元素——钠、氯

食盐是我们人体不可或缺的物质。盐由钠离子和氯离子等组成，这两种元素几乎参与人体的所有活动。钠离子为人体神经细胞传递信息，维持体内酸和碱的平衡，氯离子能在人体流泪流汗时起到抗菌作用。钠缺乏症可造成生长缓慢、食欲减退、由于失水体重减轻、哺乳期的母亲奶水减少、肌肉痉挛、恶心、腹泻和头痛。但钠也不能摄入过多，膳食中长期摄入过多的钠将导致高血压。我国居民膳食指南推荐一个人一天盐的摄入量是小于6g。

盐

3. 人体中常量元素——钾

钾的大部分生理功能都是在与钠协同作用中发挥的，因此维持体内钾、钠离子的平衡，对生命活动有重要意义。钾能够调节细胞内适宜的渗透压，调节体液的酸碱平衡，参与细胞内糖和蛋白质的代谢，维持正常的神经兴奋性和心肌运动，在摄入高钠而导致高血压时，钾具有降血压作用。钾缺乏可引起心跳不规律和加速、心电图异常、肌肉衰弱和精神烦躁，最后导致心跳停止。香蕉、西瓜、菠菜等水果蔬菜中富含钾。

4. 人体中微量元素——铁

铁是血红蛋白的组成成分，能帮助氧气的运输。铁缺乏可引起缺铁性贫血，使人的体质虚弱，皮肤苍白、易疲劳、头晕、对寒冷敏感。但摄入过量的铁也将产生慢性或急性铁中毒，慢性中度症状为：肝脏含有大量的铁将导致肝硬化、胰腺纤维化等。铁的食物来源有肝脏、瘦肉、蛋、鱼、豆类、芹菜等。

5. 人体中微量元素——锌

锌会影响人体发育，缺锌最常见的病因是膳食不平衡。锌缺乏的特征是食欲减退，生长发育迟缓，皮肤粗糙、干裂，味觉失去灵敏度，毛发色素变淡，指甲上有白斑，创伤愈合较慢等；孕妇缺锌甚至可能出现胎儿畸形。海产品、瘦肉、肝脏、奶类、豆类、小米等食物中富含锌。

6. 人体中微量元素——碘

碘是人体合成甲状腺激素的必需原料，与人体的生长、发育和新陈代谢关系极为密切。缺碘会引起甲状腺肿大，幼儿缺碘会影响生长发育，造成思维迟钝。碘过量也会引起甲状腺肿大。海产品、加碘盐可以解决缺碘的问题。

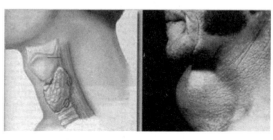

俗称"大脖子病"

7. 人体中微量元素——硒

硒有防癌、抗癌作用。硒缺乏是引起克山病的一个重要病因。缺硒会诱发肝坏死、诱发心血管疾病。人轻度或中度缺硒，征兆和症状不明显。摄入过量的硒将引起硒中毒，其症状为：胃肠障碍、腹水、贫血、毛发脱落、指甲及皮肤变形、肝脏受损。芝麻、麦芽、糙米、标准粉、蘑菇、大蒜等食物中富含硒。

8. 人体中微量元素——氟

氟是人体中的一种必需微量元素。在人体必需微量元素中，人体对氟含量最为敏感，从满足人体对氟的需要到由于氟过多而导致中毒的量之间相差不多，因此氟对人体的安全范围比其他微量元素窄得多。所以要更加注意自然界、饮水及食物中氟含量对人体健康的影响。

氟在人体中主要分布在骨骼、牙齿、指甲和毛发中，尤以牙釉质中含量多，氟的摄入量或多或少也最先表现在牙齿上。当人体缺氟时，会患龋齿，氟多了又会患斑釉齿，如果再多，会患氟骨症等系列病症。

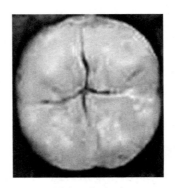

龋齿、氟斑牙

二、课内活动

1. 连连看——根据你知道的知识连线

人体必需的元素　　　缺乏后对人体健康的影响　　　食物来源

铁　　　　　　　　佝偻病、骨质疏松　　　　　　加碘盐

钙	食欲不振、生长迟缓、发育不良	海产品、瘦肉
碘	贫血	牛奶、虾皮
锌	甲状腺肿大	肝脏、蛋
钾	诱发肝坏死、诱发心血管疾病	芝麻、麦芽、糙米
硒	心跳不规律和加速、心电图异常	香蕉、西瓜

2. 锌

锌是人体健康必需的元素，锌缺乏容易造成发育障碍，易患异食癖等病症。市售的葡萄糖酸锌口服液对治疗锌缺乏病具有较好的疗效。

三、课外拓展

（1）调查市场上有哪些补钙、补锌的保健药剂出售，查看它们的标签或说明书，了解它们的主要成分。

（2）以"痛痛病""水俣病"为关键词，上网查找这些病是怎样产生的，思考如何避免有害元素对人体健康和环境产生影响。

（3）视频科普：

化学元素与人体健康

（珠海市第七中学　江文静）

第二节　人类重要的营养素——蛋白质

你将有以下收获

1. 了解人体所需要的营养素有哪些。

2. 了解蛋白质与人体健康的关系。

3. 知道有些方法能够破坏蛋白质结构，使其变质。

4. 体验灼烧蛋白质。

5. 更加关注生活、关注健康，热爱生命。

一、科学图书馆

营养是供给人类用于修补旧组织、增生新组织、产生能量和维持生理活动所需要的合理食物。食物中可以被人体吸收利用的物质叫营养素。糖类、油脂、蛋白质、维生素、水和无机盐（膳食纤维被称为"第七大营养素"）是人体所需的六大营养素，前三者在体内代谢后产生能量，故又称产能营养素，主要的作用是为机体的构成提供能量。六大营养素主要来自九大类食物：谷类、蛋类、奶类、根茎类、肉类、鱼虾和贝类、豆类、干果类、蔬菜和瓜果类。

蛋白质是构成细胞的基本物质，是机体生长及修补受损组织的主要原料。如果把人体当作一座建筑物，那么蛋白质就是构成这座大厦的建筑材料。动物的血液、肌肉、神经、皮肤、毛发、蹄、角以及蛋类中的蛋清主要成分都是蛋白质，许多植物（如大豆、花生）的种子里也含有丰富的蛋白质。

蛋白质是重要的营养物质，成人每天需摄取60～70g，处于生长发育期的少年儿童需要量更大。畜禽瘦肉、鱼虾类、蛋类、奶制品等都富含动物蛋白；豆类、干果类等富含植物蛋白。人体通过这些食物获得的蛋白质，在胃肠道里被消化成氨基酸。一部分氨基酸再重新组成人体所需要的各种蛋白质，维持人体的生长发育和组织更新；另一部分氨基酸最终变成尿素、二氧化碳和水等排出体外，同时放出能量，供人体活动需要。每克蛋白质放出约18kJ的能量。当人体参加体育锻炼时，蛋白质的需要量增加，因为肌肉纤维的加粗和肌肉力量的加大，必须依赖肌肉中蛋白质含量的增加，而且最好是动物蛋白。但要注意，肌肉大小和力量的增长主要是练出来的，而不是吃出来的。

机体中的蛋白质具有多种功能，如血液中的血红蛋白在吸收氧气和呼出二氧化碳的过程中起着载体的作用。血红蛋白是由蛋白质和血红素构成的。在肺部，血红蛋白与氧结合，随血液流动到机体各个组织器官，放出氧气，供机体所用，同时血红蛋白结合血液中的二氧化碳，携带到肺部呼出。人体的呼吸作用就是这样反复进行的过程。但是，一氧化碳也能与血红蛋白结合，而且结合能力很强，大约是氧气的200～300倍，一旦结合便不容易分离，且使血红蛋白不能与氧气结合，人就会缺氧窒息死亡，这就是煤气中毒的原因。香烟的烟气中含有几百种有毒物质，其中就有一氧化碳。

另外，酶也是一类重要的蛋白质，促进生物体内的一些反应。一种酶只能促进一种或一类反应。例如，人们消化吸收食物就是靠酶的作用完成的。人在口中咀嚼米饭和馒头时感到有甜味，这是因为唾液中含有淀粉酶，它将食物中的部分淀粉变为麦芽糖的缘故；余下的淀粉由小肠中的胰淀粉酶帮助变成麦芽糖；麦芽糖在肠液中麦芽糖酶的作用下，转化成能被人体吸收的葡萄糖。

有些方法可以破坏蛋白质结构，使其变质，如加热（高温）、紫外线以及X射线照射等。灼烧蛋白质具有烧焦羽毛的气味。有些物质如强酸、强碱、重金属盐、尿素、甲醛等也会使蛋白质变质，因此甲醛对人体健康有严重危害。但利用甲醛的这个性质，可用甲醛水溶液（福尔马林）浸泡动物标本，使标本能长时期保存。

二、科学实验室

【学生分组实验】

1. 体验重金属盐使蛋白质变质

实验用品：试管、胶头滴管、硫酸铜溶液、生蛋清。

操作步骤	实验现象	实验结论
用胶头滴管吸取少量生蛋清于试管中，再用另一个胶头滴管向其中滴加硫酸铜溶液，观察现象		

2. 体验灼烧使蛋白质变质

实验用品：坩埚钳、石棉网、鸡羽毛、头发、蚕丝布料、羊毛布料。

操作步骤	实验现象	实验结论
分别用坩埚钳夹住鸡羽毛、头发、蚕丝布料和羊毛布料，分别放在酒精灯上灼烧，并分别让灼烧产物落在石棉网上。闻灼烧过程中的气味，观察灼烧后的产物，并用手指压一压		

讨论：

（1）人体摄入的食物中含有的营养素一般分为六大类，主要有_____、

_____、_____、_____、_____、_____。

（2）蛋白质是构成生命的基础物质，是日常膳食的重要组成部分。下列食物：

① 苹果　② 葡萄干　③ 牛奶　④ 米饭　⑤ 大豆　⑥ 番茄　⑦ 鸡蛋　⑧ 鱼　⑨ 花生油

其中富含蛋白质的是_____（填写编号）

（3）下列人体的疾病中，肯定不是由于缺乏蛋白质引起的是（　　　）。

A. 发育迟缓　　　　B. 甲状腺疾病　　　　C. 体重减轻　　　　D. 贫血

（4）能破坏蛋白质结构，并使其变质而不能食用的是（　　　）。

A. 食盐　　　　B. 食盐水　　　　C. 蔗糖　　　　D. 甲醛

（5）血液中的血红蛋白在吸入氧气和呼出二氧化碳的过程中起着（　　　）。

A. 载体作用　　　　B. 催化作用　　　　C. 氧化作用　　　　D. 吸附作用

三、课外拓展

（1）解释：蛋白质存在于哪些物质中，对人体的机理起什么作用？

蛋白质

（2）讨论：

① 为什么说吸烟有害健康？

② 甲醛防腐的原理是什么？用甲醛溶液浸泡的水产品出售，有什么危害？

（3）调查：你的生活中哪里有可能存在甲醛污染？应该如何避免？与同学交流。

（珠海市第七中学　郭芙蓉）

第三节　人类重要的营养素——糖类、油脂、维生素等

1. 了解人体所需要的营养素有哪些。

2. 了解糖类、油脂、维生素等与人体健康的关系，并认识合理安排饮食的重要性。

3. 了解有些食物及不良饮食习惯对人体的伤害。

4. 体验灼烧纤维素。

5. 能通过计算，比较蛋白质、糖类、油脂为人体提供能量的多少。

6. 更加关注生活、关注健康，热爱生命。

一、科学图书馆

除了第二节介绍的蛋白质之外，糖类、油脂、维生素、水、无机盐以及膳食纤维等也是人体重要的营养素。

1. 糖类（碳水化合物）

糖类（碳水化合物）参与许多生命活动，是细胞膜及不少组织的组成部分；维持正常的神经功能；促进脂肪、蛋白质在体内的代谢作用。它是保护肝脏、维持体温恒定的必要物质。组成糖类的三元素是淀粉、蔗糖、葡萄糖。

糖类给人体提供70%的热量，是人体最主要的热量来源。糖类主要从主食（如谷类和薯类食物）中获得，食物淀粉在人体内经过消化，变成葡萄糖，葡萄糖经过肠壁吸收进入血液成为血糖。在人体组织里，葡萄糖转变成二氧化碳和水，同时放出能量，供机体活动和维持恒定体温的需求。每克葡萄糖放出约16kJ的能量。

所以，一般每天吃250~750g的主食，就可以满足人体热量的需求。机体各个组织中都有一定的糖储备，一般人在参加一般性体育活动时，不需要额外补充糖，只有在参加大运动量活动，或长时间的耐力活动时，要适当增加主食的摄入。因为运动中热量消耗较大，如果长期供能不足，会导致身体消瘦、机体抵抗力减弱。

日常生活中食用的白糖、冰糖和红糖的主要成分就是蔗糖，它是食品中常用的甜味剂。

2. 油脂

油脂是油和脂肪的统称。常见的油脂有花生油、豆油、菜籽油、牛油和奶油等。在常温下，植物油脂呈液态，称为油；动物油脂呈固态，称为脂肪。

脂肪是组成人体组织细胞的一个重要组成成分，它被人体吸收后供给人体热量，每克油脂在人体内放出39kJ的能量，是同等量蛋白质或碳水化合物提供能量的2倍。一般成人体内储存约占人体质量10%~20%的脂肪，它是维持生命活动的备用能源。当人进食量小、摄入食物的能量不足以支付机体消耗的能量时，就要消耗自身的脂肪来满足机体的需要，此时人就会消瘦。而当人体摄入过多的油脂后，容易引发肥胖和心脑血管疾病。一般人体日需脂肪占食物总热量的15%~30%。一般正常活动的人每天摄入25g左右的油脂就可以满足生理需要，长时间参加活动可以增加到每天30~36g。

油脂还有利于脂溶性维生素的吸收，维持人体正常的生理功能。体表脂肪可隔热保温，减少体热散失，支持、保护体内各种脏器，以及使关节等不受损伤。

3. 维生素

维生素有20多种，它是维持人体正常生理功能必需的一类物质，它们不提供能量，多数在人体内不能合成，需要从食物中摄取。维生素在人体内需要量很小，但它们可以起到调节新陈代谢、预防疾病、维持身体健康的重要

作用。缺乏某种维生素会使人患病，如缺乏维生素A，会引起夜盲症；缺乏维生素C，会引起坏血病。

一般天然食物中就含有各种我们所需要的营养素，而且比例适宜，所以，人在合理膳食中就可以获得充足的维生素。蔬菜、水果、种子食物、动物肝脏、蛋类、牛奶、鱼类、鱼肝油等是人体获取维生素的重要来源。只有在持续的、高强度、大运动量情况下，热能营养不能满足需要，或蔬菜水果供应不足时，才需要额外补充维生素。但要注意，过量摄入维生素和维生素缺乏都会导致不良后果。

4. 水

水是"生命之源"，约占人体体重的60%～70%。人体每天需水量为2700～3100mL，体内会产生代谢水，其他食物也含有水，所以人每天的饮水量应该为1300～1700mL。环境温度高，劳动强度大时需要多喝水。参加运动的人要积极主动地补水。如缺少水分，会造成脱水等症状，重则会导致死亡。

5. 无机盐

无机盐也叫矿物质，在人体中的含量很低，但是作用非常大，具体在《化学元素与人体健康》中阐述。

6. 膳食纤维

膳食纤维既不能被胃肠道消化吸收，也不能产生能量。因此，曾一度被认为是一种"无营养物质"而长期得不到足够的重视。然而，随着营养学和相关科学的深入发展，人们逐渐发现了膳食纤维具有相当重要的生理作用。以至于在膳食构成越来越精细的今天，膳食纤维更成为学术界和普通百姓关注的物质，并被营养学界补充认定为第七类营养素，和传统的六类营养素——蛋白质、脂肪、碳水化合物、维生素、矿物质与水并列。

食物中的纤维素就是膳食纤维。纤维素是构成细胞的基本物质，它也属于糖类。纤维素可被牛、羊、马等动物消化吸收，不能被人体消化，但它在人体消化过程中起着特殊的作用。因此应保证人每天摄入一定量的蔬菜、水果和粗粮等含纤维素较多的食物。

二、平衡膳食宝塔

中国营养学会推出了中国居民平衡膳食宝塔，提出了比较理想的膳食营养模式。

平衡膳食宝塔共分五层：

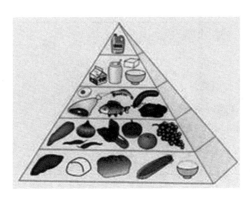

平衡膳食宝塔

谷类食物位居底层，每人每天应该吃250～400g。

蔬菜和水果居第二层，每天应吃300～500g和200～400g。

鱼、禽、肉、蛋等动物性食物位于第三层，每天应该吃125～225g（鱼虾类50～100g，畜、禽肉50～75g，蛋类25～50g）。

奶类和豆类食物合居第四层，每天应吃相当于鲜奶300g的奶类及奶制品和30～50g的大豆及制品。

第五层塔顶是烹调油和食盐，每天烹调油不超过25g或30g，食盐不超过6g。

食品中有时会含有对健康有潜在不良影响的物质，如霉变的谷物中含有高致癌的黄曲霉毒素；食品加工中使用的致癌物工业盐亚硝酸钠；用"瘦肉精"饲养出的瘦肉型猪肉；用硫磺进行熏制漂白的毒桂圆；残留农药超标的蔬菜水果；用激素催熟的草莓、猕猴桃；含有甲醛的有毒蜜枣；工业用酒精勾兑出的白酒；在下水道淘出的"潲水油"制作的"地沟油"，等等。这些重大食品安全事件不断发生，再次敲响了食品安全问题的警钟。

三、科学实验室

体验灼烧纤维素。

【学生分组实验】

实验用品：坩埚钳、石棉网、干草、棉花、纸、纯棉布料。

操作步骤	实验现象	实验结论
分别用坩埚钳夹住干草、棉花、纸、纯棉布料，分别放在酒精灯上灼烧，并分别让灼烧产物落在石棉网上。闻灼烧过程中的气味，观察灼烧后的产物，并用手指压一压		

讨论：

（1）下面的方框内是某食品包装上的部分说明，请从其中标出的配料中选出一种符合条件的物质填在下列相应的空格中：

食品标签认可号：31（2004）－8
避免日晒，置阴凉干燥处，开封后请尽早食用。
配料：小麦粉、食用植物油、麦芽糖、食用盐、碳酸钙、鸡全蛋粉、全脂奶粉、焦亚硫酸钠、维生素D等
产品标准号：Q / YQNR2

① ＿＿＿＿＿＿＿＿＿＿＿中富含蛋白质；

② ＿＿＿＿＿＿＿＿＿＿＿中富含油脂；

③ ＿＿＿＿＿＿＿＿＿＿＿属于维生素；

④ ＿＿＿＿＿＿＿＿＿＿＿属于糖类。

（2）如下图是我们正常人每天应摄取各类营养物质的食物金字塔。

食物金字塔

① 位于塔底的五谷类、米、面等是人体每天应摄入最多的，它含有的营养素最多的一种是＿＿＿＿＿＿＿＿＿，它主要为人体的机体活动和维持体温提供所需的＿＿＿＿＿＿＿＿＿。

② 某校食堂中餐食谱如下：

主食：大米饭

配菜：红烧肉、煎鸡蛋、炸鸡腿、豆腐汤

考虑到各种营养成分的均衡搭配，应该增加的配菜是＿＿＿＿＿＿＿。

（3）某市部分中小学推行"阳光食堂"工程。下表为某校食堂某天午餐部分食谱。

主食	荤菜	素菜
米饭	红烧牛肉	炒胡萝卜、炒黄瓜

食谱中富含蛋白质的是＿＿＿＿＿＿，富含维生素的是＿＿＿＿＿＿（填上表中的一种主食或菜名），米饭中主要含有人体必需的营养素是＿＿＿＿＿。

请帮助食堂对下面的问题做出选择：

① 霉变食物、霉变的大米食堂（　　　　）。

A. 可以食用　　　　　　B. 蒸煮后可以食用　　　　C. 绝对不能食用

② 同学们给学校食堂的下列建议不合理的是（　　　　）。

A. 在主食中补充粗粮　　　B. 多提供油炸食物　　　C. 适当提供水果

（4）下表列出了两种食品的部分营养成分，请仔细阅读后，回答下列问题。

营养成分	每百克平均含量	
	食品甲	食品乙
热量/kJ	2100	1700
糖类/g	78	50
脂肪/g	28	6
蛋白质/g	24	6
钙/mg	930	200
磷/mg	720	150

① 每100g食品中所含营养成分质量最大的是_____。

② 某同学准备到野外探险，在上述食品中进行选择，你建议他携带食品_____（填"甲"或"乙"），你建议的依据是_____。

四、课外拓展

（1）合理膳食可保证我们的身体健康。一碟青菜搭一个馒头、一个汉堡配一份薯条、一袋方便面加一根火腿肠……这些"经典"搭配，是很多人餐桌上的常客，也是年轻人简单生活的表现。这样的饮食搭配健康吗？

请以一餐"一碟青菜搭一个馒头"的食谱为例，参考"平衡膳食宝塔"和自己的生活经历讨论下列问题：

① "一碟青菜搭一个馒头"饮食搭配主要补充的营养成分是什么？

② 从均衡膳食角度考虑，应对该搭配做哪些调整？

（2）视频科普：

来自巧克力的诱惑

（珠海市七中学　郭芙蓉）

第四节　新生活新材料

你将有以下收获

1. 了解三大合成材料的性能。

2. 了解"白色污染"的形成、危害和治理。

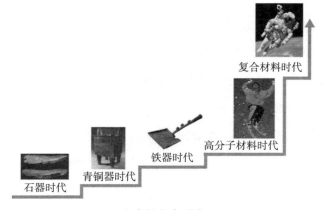

人类的各个时代

一、科学图书馆

100多年前，人类生活中利用的各种材料基本都是来自大自然。人们用棉、麻、丝、毛等材料做衣服，用石块、泥土、木材等建房子，用金银做货币……

今天，我们的生活中充斥着各种不能从大自然直接获得的新材料，其中应用最广泛的是塑料、合成纤维、合成橡胶这三大合成材料。合成材料让人类摆脱了严重依赖天然材料的历史，在发展进程中大大前进了一步。

我们在享受合成材料带来进步的同时也要为使用合成材料带来的危机买单。

1. 三大合成材料

含有碳元素的化合物是有机化合物，小分子的有机化合物可以合成大分子有机化合物，在化学科学里，它们被称为有机高分子化合物，用有机高分子化合物制成的材料就是有机高分子材料。人类以前使用的棉花、羊毛、蚕丝、亚麻、天然橡胶等都是天然有机高分子材料，现在广泛使用的塑料、合成纤维和合成橡胶等属于合成有机高分子材料，简称合成材料。

（1）认识塑料。

优点：大多数塑料质轻，化学性质稳定，不与酸、碱反应，不会锈蚀；耐冲击性好；具有较好的耐磨性；绝缘性好，导热性低；容易被塑制成不同形状，着色性好；加工成本低；大部分塑料的抗腐蚀能力强。

缺点：大部分塑料耐热性差，热膨胀率大，易燃烧，燃烧时产生有毒气体；尺寸稳定性差，容易变形；多数塑料耐低温性差，低温下变脆，容易老化；回收利用废弃塑料时，分类十分困难，而且经济上不合算；塑料是由石油炼制的产品制成的，石油资源是有限的；塑料埋在地底下几百年也不会腐烂，难以降解。

根据受热后的变化，可将塑料分为热塑性塑料和热固性塑料两大类。热塑性塑料受热会软化，冷却后硬化，并可以反复加工，此类塑料用来制造一般生活日用品。热固性塑料受热时会软化成型，但冷却固化后，就再不能用加热的方式使之软化，该类塑料可用来制造电器用品。

热塑性塑料

热固性塑料

（2）认识纤维。

纤维可以分为天然纤维和合成纤维两大类，其中天然纤维又有植物纤维和动物纤维之分。比如棉纤维就是天然植物纤维，羊毛纤维就是天然动物纤维，尼龙、涤纶就是合成纤维。

合成纤维织品

合成纤维耐磨、耐腐蚀、不缩水，用它做的衣服，不易褶皱，结实耐穿。但是，合成纤维的吸水性和透气性差。因此，人们常把合成纤维和天然纤维混纺，这样制成的织物兼有两类纤维的优点，极受欢迎。

那么，如何区分纤维的种类呢？以下是简易的鉴别方法。

某些纤维的性质比较

纤维种类	光泽	手感	其他
棉纤维	无光泽	柔软、但弹性差	纤维较短、易拉断
羊毛纤维	光泽柔和	柔软、有弹性	纤维呈卷曲状
合成纤维	光泽明亮	手感光滑、不够柔软、弹性好	纤维强度大、耐磨、耐拉伸

某些纤维燃烧现象比较

纤维种类	燃烧情况	气味	灰烬
棉纤维	易燃、直接燃烧	烧纸的气味	灰色、细而软
羊毛纤维	起泡成球，不延续燃烧	烧毛发的气味	黑褐色小球、易碎
合成纤维	先熔化再燃烧，或边熔化边燃烧	特殊气味	黑色或褐色硬块

（3）认识橡胶。

橡胶一词来源于印第安语cau-uchu，意为"流泪的树"，天然橡胶就是由三叶橡胶树割胶时流出的胶乳经凝固、干燥后而制得。1770年，英国化学家J.普里斯特利发现橡胶可用来擦去铅笔字迹，当时将这种用途的材料称为rubber，此词一直沿用至今。

合成橡胶是由人工合成的高弹性聚合物，也称合成弹性体，可代替天然橡胶制作轮胎、胶鞋、胶管、胶带、电线电缆的绝缘层和护套以及其他通用制品。

合成橡胶的弹性、耐磨性、绝缘性等性能比天然橡胶优越，应用也更加广泛。

合成橡胶制品

2. 白色污染的危害与治理

使用塑料带来的环境问题：白色污染，这已成为人类的头号敌人。

大多数人工合成的塑料是非生物降解材料，在自然状态下，能长期存在，不会分解。而这些塑料长期堆积会破坏土壤，污染地下水，危害海洋生物的生存，焚烧会产生很多污染物，造成空气污染。

白色污染

为充分利用宝贵的自然资源、减少环境污染，要实行塑料制品回收再生、循环利用，控制塑料薄膜袋的生产和使用，提倡自带环保购物袋。

二、科学实验室

（1）在家中找一张证书（如奖状、准考证）或照片，到学校办公室或外面的复印店进行过塑处理。仔细观察过塑的过程，判断所使用的塑料片是热塑性塑料还是热固性塑料。

（2）请你从各种布料中抽出一些纤维，用手触摸试试手感，再将其燃烧，鉴别它们分别是哪种纤维。

手感　　　燃烧　　　注意防火

三、课外拓展

我们需要化学　　　太阳系里的生命痕迹　　　有机合成材料

（珠海市第七中学　杜慧蓉）